今注目!

グループホームでの「食」を通した
取り組みを中心に

認知症ケアのプランと実践

関西国際大学 教育学部 教授 **長谷憲明**／監修、編著
社会福祉士 精神保健福祉士 介護支援専門員 **太田ゆか**／編著
管理栄養士 **関口弘子**／協力

ひかりのくに

今注目！

グループホームでの「食」を通した
取り組みを中心に

認知症ケアの プランと実践

第1章　認知症ケアプランのたて方 …… 5

- 認知症ケアのための選択肢 …… 6
- 認知症患者のためのケアプランとは …… 8
- 居宅が前提の認知症ケアプラン作成の心得 …… 10
- ◇資料・オレンジプラン［認知症高齢者の介護サービス利用について］… 11
- ケアプラン立案の流れ …… 12
- アセスメント作成のポイント …… 13
- 記録のポイント …… 14
- 家族会の運営 …… 16
- 運営推進会議（グループホームの場合） …… 17
- ◇ある日の運営会議の議事録 …… 18
- 認知症対応型共同生活介護計画の作成 …… 20
- モニタリングのポイント …… 22
- リスクマネジメント …… 23

第2章　グループホーム・ケアプランの実例……25

- グループホームとは……26
- グループホームの目的……27
- グループホームの日常……28
- グループホームの入居の流れ……34
- グルーホームにおけるプランのポイント……36
- グループホームの計画書作成の実例

　要介護2・春野花子さんのアセスメントシート……38
　　　　　春野花子さんのグループホームサービス計画書……48
　　　　　春野花子さんの日課計画表……56
　　　　　春野花子さんのモニタリング表……58
　要介護3・中森聖子さんのグループホームサービス計画書……60
　　　　　中森聖子さんの日課計画書表……66
　要介護3・前田優子さんのグループホームサービス計画書……68
　　　　　前田優子さんの日課計画表……74
　要介護5・早見ちえみさんのグループホームサービス計画書……76
　　　　　早見ちえみさんの日課計画表……82
　要介護4・田原　薫さんのグループホームサービス計画書……84
　　　　　田原　薫さんの日課計画表……90
　　　　　グループホームの評価／地域交流活動……92

第3章　食を通しての認知症ケアプランの実践 …… 93

- 食を通したプランの考え方 …………………………………… 94
- グループホームにおける「食」とは …………………………… 96
- 食を通して見るケアプランのポイント ………………………… 98
- グループで行なう献立作り …………………………………… 99
- ◇ケアプランに基づく食事作りの流れ ………………………… 100
- ◇菓子パンバイキング　自分の好きなものを好きなだけ ……… 104
- ◇出前ミックス　たまには気分を変えてプロの味を楽しむ …… 106
- あるグループホームの季節のメニュー ……………………… 108
- ◇食材選びと保管 ……………………………………………… 114
- ◇料理のプロに学ぶスタッフ研修 …………………………… 115
- おやつ作り …………………………………………………… 116
  - おやき・ミニどら焼き …………………………………… 116
  - カップケーキ・バナナクレープ ………………………… 117
  - みたらし団子・蒸しプリン ……………………………… 118
  - おはぎ・ずんだ団子 …………………………………… 119
- 食を通したケアプラン実例 …………………………………… 120
  - 要介護2・澤　鶴子さんの通所介護計画書 ……………… 122
  - 要介護3・松本桃子さんの施設サービス計画書 ………… 126
- **コラム**　～あるグループホームでの出来事～ …………… 130

第4章　食を生かすための調理の基本 …… 131

- 高齢者のための調理のポイント ……………………………… 132
- 献立のたて方 ………………………………………………… 136
- 1日の摂取カロリー …………………………………………… 138
- 高齢者向けレシピ8 …………………………………………… 140
  - ザーサイ入り中華スープ・フルーツサラダ ……………… 140
  - 春雨トマトスープ・杏仁豆腐 …………………………… 141
  - ダイコンと油揚げの煮物・スイートポテト ……………… 142
  - 鶏そぼろ丼・豆腐の卵とじ丼 …………………………… 143

第1章

認知症 ケアプランの たて方

認知症患者やその家族から生活のようすや希望をよく聞き、認知症患者が「自分らしく生き生きと暮らす」ためのプランをたてます。

認知症ケアのための選択肢
在宅介護サービス、グループホーム、ユニット型特別養護老人ホームなどがあります

　認知症の高齢者は、住む環境や接する人が変わると混乱しやすく症状の悪化につながることもあるので、認知症のケアは、住み慣れた環境・地域で行なうのが理想といえます。

　高齢者には、たとえ認知症になっても、家族や友人、地域の商店街や地域住民などとのふれあいを通して、自分らしい生活を続けていきたいという願いがあるはずです。それを受けて各自治体には、将来的に認知症が進んだり、介護度が中重度となったとしても、住み慣れた自宅や環境の下で生活を継続できる体制の整備と高齢者の尊厳を重要視した、質の高いケアの提供ができる仕組みづくりが求められています。

●在宅介護サービス

　在宅介護とは、施設や病院に入所・入院することなく（仮に入所・入院があっても一時的なものとして在宅に戻り）在宅でサービスを受けたり、地域とかかわりながら暮らすために介護することです。つまり介護される人が住み慣れた自宅で生活のサポートをしてもらう介護形態です。

　認知症であっても、何とか自分の身の回りのことができる程度であれば、在宅介護も可能です。また、症状が重くても、家族や地域の助けや理解があれば、在宅での生活は可能です。ただ在宅介護の場合、家族の負担が大変大きく、必ずしも介護される人にとってベストな介護を受けられるかどうかは不確実です。

　介護保険の要介護認定に該当すれば、いろいろな在宅サービスを利用しながら、暮らしを綴ることができます。例えば、事業所から訪問するホームヘルプサービスや訪問看護、利用者が通所する認知症通所介護、通所リハビリテーションなどのサービス、一時的に宿泊するショートステイなどがあります。

　その他の在宅に分類される介護サービスとしては、通所・宿泊・訪問がセットになった小規模多機能化型居宅介護や認知症のグループホーム、有料老人ホーム等による特定施設入所者生活介護があります。また、医師等が訪問する居宅療養管理指導や福祉用具サービス、住宅改修などもあります。

●ユニット型特別養護老人ホーム

　ユニット型特別養護老人ホームとは、1ユニットの定員をおおむね10人程度として、グループホームのように、入居者それぞれが役割を持って共同して暮らす形態の特別養護老人ホームをいいます。

　それぞれの入居者が役割を持ち、主役として生活できるよう支援することで、入居者が自宅で生活するのに近い日常生活を送ります。そのための介護サービスを提供する特別養護老人ホームを指します。

　ユニット型特別養護老人ホームは入居者ひとりひとりの尊厳を重視し、個人の自立した生活を尊重し、1ユニットを少人数のグループとしています。家庭的な雰囲気の中での共同生活を送るようにします。そこでは、症状の緩和や、入居者のQOLの向上、尊厳ある自立した生活を目ざし運営されています。

　原則として、食事や入浴、施設内の行事などの日常生活は、このユニットごとに行ないます。この形式を用いた特別養護老人ホームは従来型との比較により「新型特養」と呼ばれています。

●小規模多機能型居宅介護事業所

　小規模多機能型居宅介護は、通所（デイサービス）を中心として、認知症高齢者の身体状況や希望に応じて、随時、訪問（介護）や宿泊（ショートステイ）を組み合わせてサービスを提供することです。認知症の高齢者をはじめ、要介護度が中重度となった人も在宅での生活が継続できるように支援します。

　小規模多機能居宅介護は地域密着型サービスで、提供する施設は、地域に根ざした小規模の施設であるため、訪問や宿泊サービスなどを利用するときに、顔なじみのスタッフが対応します。そのため、施設に入居しないでも在宅、で訪問・通所・宿泊という連続性のあるケアを利用できるメリットがあり、入居者は穏やかに過ごすことができます。

　サービスを提供する事業所での利用者の登録数は25名程度で、1日当たりのデイサービスの利用者は15名以下、ショートステイの利用者は、5～9名が上限です。このサービスを利用しながら、訪問看護、訪問リハビリテーション、居宅療養管理指導、福祉用具貸与なども利用できます。

　なお、平成24年度から、サティライト事業所の設置が新たに認められました。それとは別に、看護と一体的に運営する「複合型サービス」も創設されました。

●グループホーム

　グループホームとは、認知症高齢者が介護スタッフと共に5～9名前後の少人数規模で自立した共同生活を行なう住まい（施設）のことです。入居者の身体状況に応じて洗濯、掃除、食事作り、洗濯などの家事やその他のことを共に行なって暮らす形態を取っており、これにより認知症の進行を遅らせるなどの狙いもあります。ケアの内容はグループホームによって異なりますが、少人数での生活となるため、ひとりひとりに合ったきめ細かい対応が可能であるところが大きなメリットです。また、共同生活を通して入居者とスタッフ、または入居者同士で信頼関係が生まれることも多くなっています。

　　　　　　　　　　　　　　➡詳しくはP.25～

認知症患者のためのケアプランとは

認知症患者が、個性に応じて、ひとりひとりが充実した日々を送るための支援するプログラムです

　認知症患者のためのケアプランは、「目的」ではなく「手段」です。その人の暮らしを理解して、その人ができる限り、みずからの生活を楽しみ、充実した日々を送ることができるよう支援するためのプランといえます。また、認知症の場合は、進行を遅らせる、症状を緩和する等も求められます。これらは、在宅ケア、ユニット型特別養護老人ホーム、小規模多機能型居宅介護事業者、グループホームなどすべて共通しています。以下、グループホームの例をあげて解説していきます。グループホームに認知症患者の方を迎え入れたときは、下記のような考え方で対応するようにと厚生労働省の定めた運営基準に定められています。

〔指定認知症対応型共同生活介護の取扱方針（基準第97条）〕

- ア　利用者の認知症の症状が緩和し、安心して日常生活を送れるように、入居者の心身の状況を踏まえ、妥当適切に行われなければならない。
- イ　利用者一人一人の人格を尊重し、利用者がそれぞれの役割を持って家庭的な環境の下で日常生活を送ることができるよう配慮。
- ウ　認知症対応型共同生活介護計画に基づき、漫然かつ画一的なものにならないよう配慮。
- エ　介護従業者は、…（サービスの）提供に当たっては、懇切丁寧に行うことを旨として入居者又はその家族にサービスの提供方法等について、理解しやすいよう説明。
- オ　サービスの提供に当たっては、当該利用者又は他の利用者等の生命又は身体を保護するため緊急やむを得ない場合を除き、身体的拘束等を行ってはならない。
- カ　身体的拘束等を行う場合には、その態様及び時間、その際の利用者の心身の状況並びに緊急やむを得ない理由を記録しなければならない。
- キ　介護事業者は、自ら提供する（サービス）の質の評価を行うとともに、定期的に外部の者による評価を受けて、それらの結果を公表し、常にその改善を図らなければならない。

（まとめ、下線は筆者）

　上記のように認知症の方に大きなストレスとなる身体拘束についても厳しく規制しています。ストレスを与える拘束法としては、物理的に身体を拘束する身体拘束の外に、薬による拘束、「何々してはダメ」等言葉による拘束（規制）があります。

●認知症状が緩和されるよう支援します

共同で生活する「住まい」(施設)という制約がある中で、入居者が自宅でくつろいでいるように、尊厳を持って暮らし、ひとりひとりが何らかの役割(暮らしへのかかわり)をもって安心して日常生活が送れるということを目的として、ケアプランをたてることが義務づけられています。そしてできることならば、そのような暮らしの中で、認知症状が緩和されることを目ざして支援することとされています。

換言すると、グループホームケアの基本は、ふだんの暮らしのように、自分が主体となって、可能な限り、家族や友人と交流等による人間関係(人とのつながり)を維持し、地域にも出かけ、時にはイベントにも参加し、みずからの役割を認識し、果たしているという「生きる自信の獲得」を、利用者ひとりひとりの個性・状態に合わせて実現できるよう支援していくことです。

これは、グループホームにとどまらず、在宅のケアプランを作成する場合も同じですし、ユニット型特別養護老人ホームや小規模多機能居宅介護などで、認知症の高齢者を受け入れたときに参考とすべき考え方です。そのため、左の基準第97条では、エ〜キで職員の態度等についても述べています。

ケアプラン

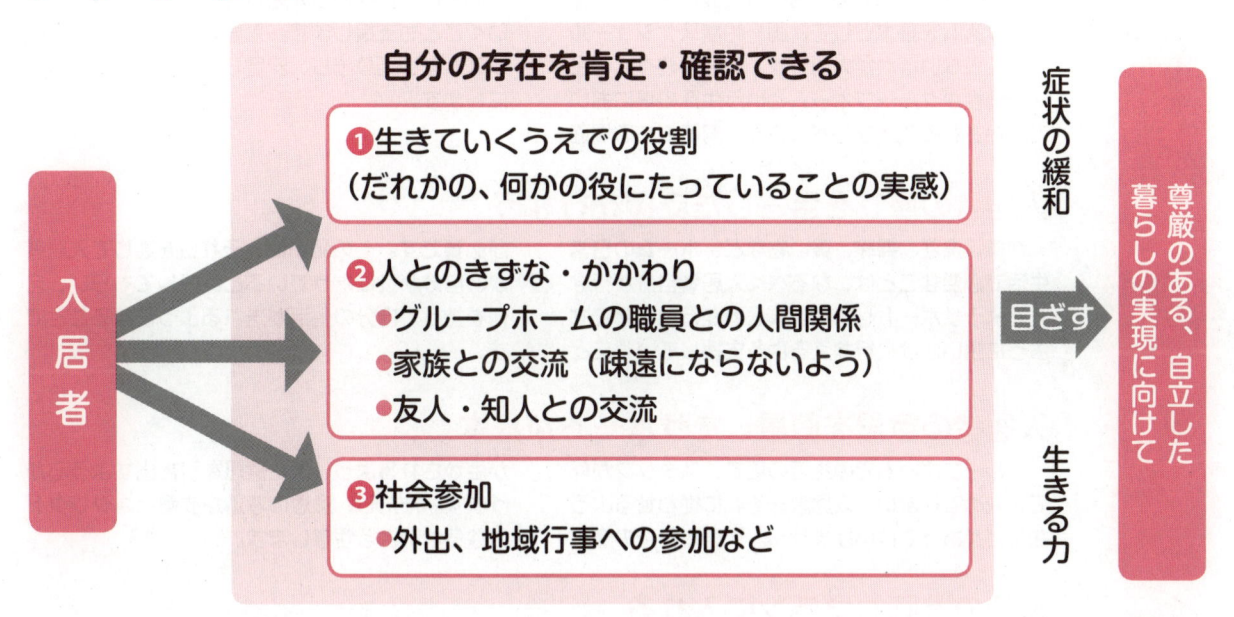

入居者 →
- 自分の存在を肯定・確認できる
  - ❶ 生きていくうえでの役割
    (だれかの、何かの役にたっていることの実感)
  - ❷ 人とのきずな・かかわり
    - グループホームの職員との人間関係
    - 家族との交流(疎遠にならないよう)
    - 友人・知人との交流
  - ❸ 社会参加
    - 外出、地域行事への参加など

症状の緩和／生きる力 → 目ざす → 尊厳のある、自立した暮らしの実現に向けて

注 グループホーム=「施設」ではなく「住まい」です。
住まいの主人公は、入居者です。自分の家で暮らすよう、人との結び付き社会との結び付き、住まいでの役割を自覚できるよう支援します。

実際のグループホームサービス等での職員の処遇・支援と住まいと施設の関係

★あなたのホームは、ABCDのどこに入りますか。

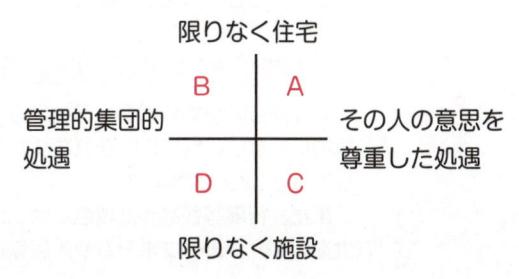

	限りなく住宅	
管理的集団的処遇	B / D	A / C
	限りなく施設	その人の意思を尊重した処遇

居宅が前提の認知症ケアプラン作成の心得
入居者を生活者ととらえたプランを作成します

入居者の状態像にもよりますが、基本的には下記の点に留意してプランを作成します。これらの実現には、利用者を深く理解することとスタッフの認知症への知識とスキルなどが必要です。

1 ホーム完結型ではなく、地域を生活圏とする

各ホームの立地に見合った生活圏を設定し、日常生活は可能な限り地域に場を求め、自宅で暮らしているような「普通の生活」の実現を目ざします。そのためには地域での、人間関係の継続（結び付き）は不可欠です。買い物、散歩、公園等の日常、それと地域の行事であるお祭り、お花見などを組み合わせ、暮らしに変化と刺激を取り込みます。また、地域の美容院・理容室に出かけて行くことも考えられます。

2 ホーム側で画一的なスケジュールを作らない

起床から就寝までの生活の流れは、個々人の生活のリズムを基本として、画一的なスケジュールをつくらないことが大切です。入居者個々人の生活の個性がグループホームという生活の場において生かされることを目ざします。同時にある場面では共に生活を送る入居者やスタッフと協調していくことも支援します。入居者それぞれが生活のリズムをつくり出し、安定した生活が送れるようにします。

3 入居者の自立を目ざした支援を行なう

炊事、洗濯、掃除、買い物など、ホームの日常生活で必要なことは、なるべく入居者自身が行なえるようサポートします。入居者が行動を起こすように誘いかけ、行なえるよう支援していくことが必要です。その狙いは、それらを通じて入居者が、自分が役にたっていると実感してもらい、自信を持って自分の生活が送れるようにすることです。

4 入居者の意思を尊重したサポートが基本

グループホームでの生活の場で、スタッフが何でも決めてしまい、入居者をそれに従わせるようなことがあってはいけません。入居者自身の意思が生かされるよう、また意思を引き出すよう心がけます。ただし、意思の尊重が放置＝ネグレクトにならないよう注意します。

5 家族の参画もプランに入れる

グループホームでの生活は、家族の参画も有効であることを認識し、グループホームの情報を家族に開示し、家族会との定期的話し合いの場を通じて、入居者の豊かな生活をつくることを目ざします。ただし、入居者と同様、家族もそれぞれ事情が違うので、画一的・一方的協力要請にならないよう注意します。また、家族や友人が、面会に来やすい雰囲気となるよう心がけ、場合によっては、ホームからの働きかけも必要です。

6 地域を含む外部との交流も積極的に取り入れる

外部からの訪問やボランティア等の受入等は積極的に行ない、地域に開かれたグループホームとしてあることが大事です。
また、行事等があった場合には、地域に情報提供をして、グループホームや入居者について理解してもらうとともに、訪問してもらうなどの試みも考えられます。可能であれば、地域の人たちを対象に、グループホームで培った知識を利用した、相談会の開催も有効です。

資料 オレンジプラン

認知症高齢者の介護サービス利用について（5年後の推計）

単位：万人

認知症高齢者数の居場所別内訳	平成24年度(2012)	平成29年度(2017)
認知症高齢者数	305	373
在宅介護	149	186
うち小規模多機能型居宅介護	5	14
うち定期巡回・随時対応型サービス	0	3
居住系サービス	28	44
特定施設入居者生活介護	11	19
認知症対応型共同生活介護	17	25
介護施設	89	105
介護老人福祉施設	48	58
介護老人保健施設等（介護療養型医療施設を含む。）	41	46
医療機関	38	38

※端数処理の関係で積み上げは一致しない。

〔推計の考え方〕

1. 各年度の「認知症高齢者数」については、将来推計人口（国立社会保障・人口問題研究所：H24.1推計。死亡中位出生中位）に、平成22年9月末現在の「認知症高齢者の日常生活自立度」Ⅱ以上の認知症高齢者割合を性別年齢階級別に乗じて推計。
2. 平成22年9月末現在の「認知症高齢者の日常生活自立度」Ⅱ以上の認知症高齢者の居場所別内訳を基に、「社会保障に係る費用の将来推計の改定について（平成24年3月）」（以下、「一体改革試算」という。）における各サービスごとの利用者増加率等（※）を乗じて推計した。
   （※）増加率等には、平成22年度に対する各サービス別利用者数増加率に次の要素を含めて補正している。

［平成24年度］介護施設の入所者に占める認知症者割合を増加。
［平成29年度］認知症高齢者数の増加（平成22年度：208万人→280万人）及び精神科病院からの退院者の受入増に対応するため、以下の①～③の整備等を行う。
①認知症対応型共同生活介護及び特定施設入居者生活介護については一体改革試算より更に整備を促進。
②特定施設入居者生活介護及び介護施設の入所者に占める認知症割合を増加。
③在宅介護においても、小規模多機能型居宅介護の整備を更に促進するなど、認知症に対応可能なサービスを整備する。
3.「医療機関」の認知症高齢者数は、副傷病名に認知症がある者を含む。

（注）医療機関の内訳（一般病院、精神科病院等）の認知症者数については、「認知症高齢者の日常生活自立度」Ⅱ以上の高齢者数データがないことから推計ができない。
　なお、精神科病院に入院している認知症患者数は、平成20年約5万人（患者調査）となっている。認知症高齢者が同割合で精神科病院に入院すると仮定すれば、平成29年は約7万人と推計される。今回の推計では、介護サービスの整備拡充等による精神科病院からの退院者の受入増分を約2万人と見込んでいるので、精神科病院の認知症患者数は平成29年約5万人と推計される。

厚生労働省発表（平成24年9月5日）「認知症施策推進5か年計画（オレンジプラン）」より

ケアプラン立案の流れ
グループホームでの暮らしの評価やリスクマネジメントまで行ないます

　ケアプラン立案は、アセスメントから始まり、グループホームの運営上のリスクマネジメントまで行ないます。アセスメントに基づき、完成したプランを入居者や家族の同意のもとに入居後に実行してから、さらにスタッフが入居者の生活のようすを観察・記録し、見直しを繰り返していく作業をしていきます。

1 アセスメント
- 入居者及び家族の意向（どのような生活を送りたいのか等）
- 心身の状態の把握
  認知症の疾病名、症状
  行動障害等の有無・内容
- これまでの暮らし方の確認
- <u>服薬（薬の種類、効能・禁止事項）等</u>
  入居者の暮らしのキーワード（例　孫、娘、墓参、○○等）

2 計画作成担当者が職員と共同で計画を作成（所内会議）
- 入居者の望む暮らしの実現のための、目標及び期間の設定
- どのような暮らし方を、どのようにさりげなくサポートするのか（共通認識）
- 家庭らしい「ゆったりとした暮らし」の実現

3 計画の確定
- 入居者の同意

4 計画を踏まえ希望する生活の提供
- 普通の暮らしをつくり出せるか
- 「家庭での生活」となるように支援
- ＊生活の主体は入居者、職員は、入居者ひとりひとりの特徴を念頭に、入居者の暮らしをさりげなく支援

どのように支援するか
↕
入居者ごとの個別の記録

5 記録
- サービス提供の記録　グループホームなどの力量が問われる
- 苦情・事故等の記録

6 評価と記録・家族等への説明
- 「ホームでの暮らしの満足度」、「外出」及び「親族・友人との交流状況」等
- 短期（適宜長期）目標の達成度の評価
- その他の評価（自己評価と第三者サービス評価）
- これらを記録し、その結果を家族に説明

7 リスクマネジメント
- 経営の質の確保（人材の確保など）
- サービスの質の確保（苦情・事故の予防及び対応など）

＊リスクマネジメントは、必ずしもケアプラン立案時に行なうことではありません。ただし、左記2番目はプランを作成するときに、留意する必要があります。

認知症ケアプランのたて方｜ケアプラン立案の流れ／アセスメント作成のポイント　第1章

アセスメント作成のポイント
入居前の生活を十分に把握します

　入居後も可能な限りこれまでの生活を継続させるためには、入居前の暮らしを知り、現在を知ることが大切です。そのためにアセスメントがあります。アセスメントは入居者がグループホームで日常生活を営むうえでのニーズ（課題）を把握する作業です。具体的には、日常生活動作（ADL）、身体的健康、精神的健康、社会関係、経済状況、住生活環境などについて本人や家族からニーズを的確に把握することで、適切なケアプランをたてることができます。

1　希望する暮らしと、提供できるグループホームのサービスのマッチングの確認
- グループホームの構造的限界
- 処遇上の限界
- 現在の入居者

→
- いかに限界を乗り越えるか
- 改善の努力
- 入居者の目は生き生きと輝いているか

2　入居者の日常生活の（自宅での）リズム
- 起床 … 時間　何をするのか　ベッド／布団
- 整容は … 歯磨き、洗顔

- 朝食　時間、好み、好き嫌い、どんなものを食べていた

- 午前中の行動
- 昼食　朝食と同様
- 午後の時間の過ごし方、おやつは

- 夕食　朝食と同様
- 入浴は　時間、頻度、家の風呂構造　等
- ◇現在　家事は何かやっていたか（具体的に）
  　現在　仕事（趣味活動）の有無
- ◇職歴

→　何のために聞くのか　⇔　聞いたことをどう役だてるか

3　入居者の好きなこと、嫌いなこと
- 好きな食べ物、嫌いな食べ物、趣味等

嫌いなこと	
好きな食べ物	
嫌いな食べ物	
趣　　味	
最近の趣味	

4　ADL と IADL
- グループホームでの暮らしを組み立てる参考に　　尊厳ある暮らしの実現

5　病状と状態像等（ホームでの暮らしの参考に）
①疾病　②発症の確認　③特徴（周辺症状と対処法）　④生活上で困ること　⑤行動障害　等

◆調査方法
- 本人からの聞き取り
- 家族からの聞き取り
- 医師の判定結果または主治医意見書、聞き取り等

→
・大切にされている
・必要とされている
　＝　幸せ感
を実現するために。

- グループホームでの暮らしの観察

記録のポイント
入居者の希望する生活の提供のために重要です

　グループホーム入居後の入居者の生活のようすを、文字や写真、動画などで記録することで、ケアプランを見直し、入居者が希望するサービスに近づけていくことを目ざします。

　入居者のようすをよく観察し、記録者の主観的な表現や意見、感想ではなく客観的に書くことが大切です。日常生活のさまざまな場面で、入居者の生き生きした言葉や表現、表情などを瞬時にキャッチし記録したり、いつもと違う何かに気づいたりしたら、それも書き込んでいきます。

　正しく記録するためには、スタッフの表現力が求められる一方、誤解がないようスタッフ同士で適切あるいは不適切な表現について話し合い、共通意識を持つことが必要です。ケアプランの短期目標から導き出した、目標達成のためのケア項目に呼応するように記録すると、ケアプランの見直し時に役だちます。このほか記録は情報開示への対応にも役だちます。

●何を記録するのか

　グループホームの記録は、どのようなことを記録する必要があるのでしょうか。記録項目についての基準はありませんが例を挙げると、右のようになります。

◆ 日々の生活記録（業務日報）

①日付、記載者氏名
②本日の予定（例：通院等）　面会の有無
④三食のメニューと食事量
⑤買い物の状況
⑥外出の有無
⑦グループホームの担当者同士の連絡事項
⑧利用者の状態
⑨夜間のようす、日中のようす
⑩排せつの状況
⑪健康チェック結果
⑫入浴状況
⑬その他

●経過記録

　経過記録には、入居者の暮らしや変化等を、大づかみに記録します。変化があったときは、前後がわかるように記録します。積極的な活動があった場合も同様です。

●記録の活用

記録は、適切なケアをするための資料となったり、スタッフ同士の共通の情報としてや研修資料として生かせます。記録を長期間活用するためにも、記録の整理と保管はきちんと行ないましょう。

〈記録の活用例〉
- 入居者の心身の状況の変化を把握し適切なケアの提供の元となる
- 職員及びもうひとりの支え手である家族との共通ツールとして
- ケアカンファレンスやケアプランの大切な材料として
- スタッフの研修材料として
- 今後のケアに生かせるデータとして
- 他サービス（例・医療、在宅等）への情報提供として

●記録の整理

記録の整理は、記録をつけること同様に重要です。時間に追われているときに、必要な書類が見つからない、担当者がいないのでわからないなどということが起きている事業所も多くあるようです。記録が整理されていないことで、仕事のロスや支援のしかたの混乱を招きかねません。

〈記録の整理のポイント〉
- 一定のルールに従って、だれもが見やすく、保存に耐えうる記録として残す
- 情報の提供や過去の記録の閲覧を行なう際、スムーズにできるようにする
- 入居者別に保存する

家族会の運営
家族にも入居者の暮らしを支えてもらいます

　グループホームは認知症の高齢者を入居させ、そこで必要なサービスを提供します。けっして入居者を介護するのではなく、在宅での生活の継続が困難になった認知症患者に入居してもらい、もう一度新たな場で、入居者・家族・グループホーム・地域が協働して、入居者の「普通の暮らし」を実現していく所です。

　従って、家族は、認知症高齢者をグループホームに入れたら、預けっぱなしということではなく、家族にも参加してもらい、新たな場での入居者の生活づくりのスタートに立ったということを理解してもらい、協力してもらうことが重要です。

●家族会の意義

　家族会の意義はいくつかあります。まず、第一に認知症の親族を抱えて苦労しているのは、自分たちだけではないということを知ってもらいます（家族同士の交流の場）。さらにグループホームは預けっぱなしの施設ではなく、入居者やスタッフが共同して生活を営む住まいであり、生活をつくっていく場であるということ、そのために家族も参加する必要があるということを理解してもらいます。入居者の生活を向上させるために、家族から積極的な提案をしてもらうこともあります。

　また家族会は家族から苦情等を聞く場でもあります。その苦情への対応についてグループホーム側から説明し、問題点とそれへの取り組みを伝えます。もちろん、認知症患者のケアについての意見交換（研究）の場としても、家族会は大変意義のあるものとなっています。

●家族会の運営方法

　家族といっしょにグループホームでの新しい生活づくりを行なうために、家族会は全体会と月例会等に分けて、適宜開催することが望ましいでしょう。例えば、一定数の家族の請求により臨時家族会が開催することもできます。

　家族会は開くことが目的ではありません。形式に流れて形骸化しないよう注意します。具体的運営については、家族会全体で話し合って決めていきます。そのため、グループホーム側は、家族が参加しやすいように留意します。

運営推進会議（グループホームの場合）
入居者が地域で暮らすため地域の関係者との調整も行なう重要な会議です

　指定基準では、地域の運営推進会議は、おおむね2か月に1回以上開催することとされています。実際半数近いグループホームは2か月に1回以上推進会議を開催しているようです。しかし、問題は運営推進会議で何を話すか、です。グループホームの活動といっても2か月に1回開催していると、ネタ切れになるのではとの懸念もあります。この問題を解く鍵は、グループホームとしてどのような理念を持ち、その理念の実現のためにどんな戦略（行動目標）を持って活動しているかにあります。

　グループホームが認知症患者の地域での新しい暮らしの場であり、普通の暮らしの実現を図り、入居者の尊厳の保持と認知症の進行の緩和を目ざすとすれば、地域とのやりとりをしなければならないことは山ほどあるはずです。そのやらねばならないことを順番にやっていけば運営会議は2か月に1回でも足りないかもしれません。地域との交流を通じて、入居者の新しい暮らしをつくるという方向性がないと、何も話すことはなくなります。

　地域の運営推進会議の開催前に、事業所のミッション、戦略等を再確認する必要もあります。

●開催目的

　運営推進会議は、入居者が地域に出て行くときに生じる課題を解決するために行ないます。そして入居者の地域行事への参加、あるいは防災訓練のひとつとしての避難訓練等地域の協力が必要なことなど、グループホームと地域の交流をスムーズに進めするためにあります。

　主な会議参加者は、グループホームや地域にもよります。例えば、大学教員等学識経験者、地域包括支援センター職員、入居者家族、地域住民代表、グループホーム管理者などです。

●会議の内容

　地域の人々にグループホームを理解してもらうためには、グループホームの運営について説明し、納得してもらう必要があります。時には地域の人々にグループホームの日常的な活動に参加してもらうことを提案することもあります。そして、地域の理解を得て、入居者が地域活動に参画するために、グループホームからは、地域に期待することを伝えます。以前入居者が自宅で生活していたころのように、しぜんと地域の行事に参加できるように、環境の整備や、ふだんの外出についての理解や見守り等への協力をお願いすることもあります。グループホームが地域に提供できることもあれば、情報を提供します。

　一方、運営推進会議を定期的に開催することで、人と人とのネットワークづくりができます。地域住民ひとりひとりと知り合い、信頼感が醸成されれば、グループホームの困難な課題にも地域の協力を得ながら取り組めるでしょう。

　運営推進会議では、グループホームの活動状況を説明し、評価を受け、要望も聞き、改善に努めます。会議の内容については記録をとりまとめ、参加者に共通認識を持ってもらいます。

ある日の運営会議の議事録

　具体的にどのような形で、運営推進会議が行なわれているのでしょうか。下記は、ある運営推進会議の議事録です。グループホーム側が具体的な課題を出し、積極的な意見交換の場をつくっています。

会議A

- **開催日**　平成23年11月　平日17時～18時30分
- **出席者**
    - 大学教授、地域包括支援センター職員、入居者家族、地域住民代表
    - 法人理事長、法人事業部長、グループホーム管理者
- **議題**
    ① 理事長、事業部長からの情報提供
    - インフルエンザへの対応
    - 法人他のサービスのトピックス
    ② グループホーム管理者の報告
    - 9月下旬から、11月上旬までのホームの動向
      ➡ 敬老食事会への参加
      ➡ 10月の避難訓練のようす
    ③ グループホームでの事故の情報提供
    - 服薬ミスへの対応
    ④ 地域包括支援センターからの報告
- **参加者の意見交換**
    - 参加者から、服薬管理の徹底の努力をとの意見

会議 B

- **開催日** 平成 24 年 1 月　平日 18 時〜19 時 30 分
- **出席者**
  - 大学教授、地域包括支援センター職員、入居者家族、地域住民代表
  - 法人理事長、法人事業部長、グループホーム管理者
- **議題**
  ① 理事長、事業部長からの情報提供
    - お泊まりデイサービスについての国の動向
    - 小学生向けの認知症サポーター養成講座開催
  ② グループホーム管理者からの報告
    - 入居者全員で、近所の神社に初詣をした
    - ご近所の参加を得て、消防署の指導で消火訓練を実施した
  ③ グループホームでの事故の情報提供
  ④ 地域包括支援センターからの報告

  参加者の意見交換
  - 管理者は、火災の際の図上シミュレーションをしておく必要があるとの意見をいただく

会議 C

- **開催日** 平成 24 年 2 月　平日 16 時〜17 時 15 分
- **出席者** 利用者 1 名、利用者家族 2 名（各ユニット 1 名）
  自治会長
  地域包括支援センター　職員 1 名
  市役所　職員 1 名
  GH 管理者、ユニットリーダー
- **議題**
  ① 現在の入居状況の報告【入居者数・平均介護度と年齢及び ADL 等・待機者状況・スタッフの配置状況】など
  ② 前回の運営推進会議以降のニュース
  ③ 翌年度の GH 行事予定の案内
  ④ 外部評価結果についての報告
  ⑤ 非常災害用備蓄品の整備について現状報告
  ⑥ 地域包括支援センターからの案内
    「認知症サポーター養成講座」「介護者教室」開催の案内
  ⑦ 市役所から「介護保険法改正」について
  ⑧ 自治会より
  ⑨ 質疑応答　それぞれからの提案　次回までの課題など
  ※ 資料配布　GH・地域包括・市役所より

認知症対応型共同生活介護計画の作成
ひとりひとりの個性に合わせた計画です

グループホームの計画は、グループホーム全体としてのゆったりとした時間の流れが基本にあり、そのうえで、ひとりひとりの入居者の個性に合わせた個別援助計画があるという構成になります。

●援助計画作成の前に

◆ **面接相談で利用希望の有無を把握**
・入居希望あるいはグループホームとはどのようなところかを知りたくて相談に来る人がいます。そのときは、相手の話を十分に聞き、その中でホームで対応できること、ほかの制度で対応できることをていねいに説明します。
・なお、入居の希望がある場合、重要事項説明書を渡して、グループホームの内容を説明するとともに、相談表に相談内容を記載します。
主な聞き取り事項は下記のとおりです。
①氏名・生年月日、②要介護認定有効期間、③認知症の有無と程度、④入居希望理由、⑤家族の構成、⑥ADL・IADLの概要、⑦歩行の状態、⑧性格、⑨医療機関の受信状況、⑩認知症の中核症状、周辺症状、⑪家族・本人の希望
・上記を踏まえ、ホームで提供できる支援方法等具体的に説明します。
・そのうえで、入居の意思があれば、待機者に、または入居者として登録します。
・入居の場合は、契約書を取り交わし、入居の手続きに移ります。

◆ **入居者の情報を整理した基本情報シート（フェイスシート）の作成**
・入居が決まったら、面接記録表を参考に入居者の基本情報を把握し、基本情報シートを作成します。
・様式は特に決められていませんが、基本情報シートの記載項目はおおむね次の項目です。
①住所、氏名、年齢、②家族の構成、主たる介護者、③要介護認定有効期間と要介護度（介護保険証で確認する）、④主な関係先（主治医、利用しているサービス等）⑤介護保険証番号、⑥医療保険の種類、記号番号、病歴、現在の症状・状態、⑧障害高齢者と認知症高齢者の自立度、⑨生活歴、⑩入退院・退所の履歴、⑪ほか必要な事柄

◆ 次にアセスメントから始まる、援助計画作成の手順に入ります。なお、正式のケアプランができるまでは、暫定的なプランを作成します。

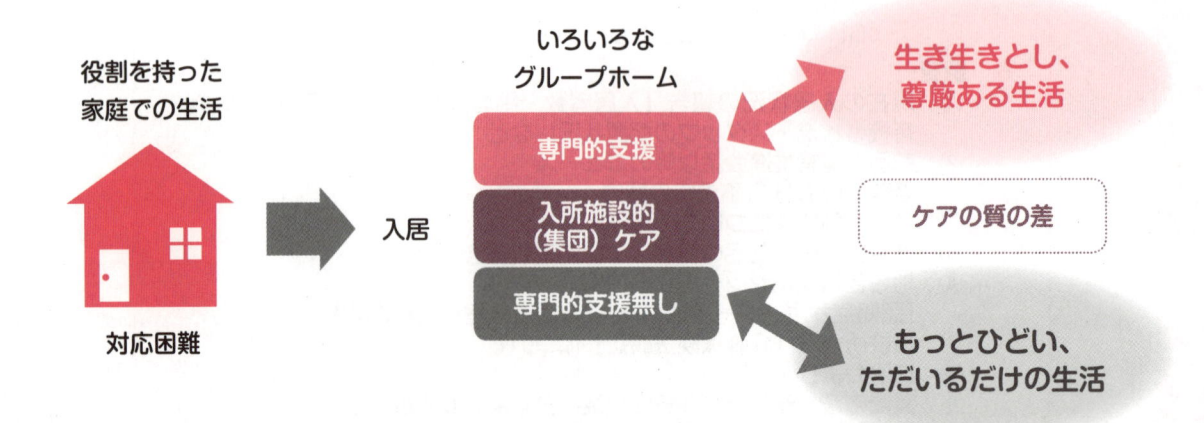

●援助計画作成の手順

1 利用者・家族の意向の確認

グループホームでどのような暮らし方をしたいのか ➡ 様式1相当
アセスメント（ホーム等で暮らすための心身の状態・環境等の把握）➡ アセスメント様式

2 利用者等の希望・アセスメントに基づいた、個別援助計画の作成

関与する職員が参加して作成する
入居者が生活の主役、職員は入居者の生活を支援するという立場・視点
それまでの地域での暮らし方の延長で暮らせるような工夫
➡ 援助計画書様式3相当
➡ 会議の記録様式4相当

3 個別援助計画についての利用者の同意と入居者への交付

文書による同意

4 個別援助計画に基づく支援の実施

入居者が生活の主体者として生きられるよう → リスクのマネジメント

5 生活状況の把握

入居者ごとの日々の生活記録 ➡ 日報・経過記録様式
特別に必要な記録等

6 評価

1 入居者の日常生活
2 個別援助計画の目標等の達成状況   をモニタリング
3 その他   ➡ モニタリング様式

7 評価結果の利用者等への説明と、支援改善の取り組み

モニタリングのポイント
入居者の観察から始まります

モニタリングは、入居者や家族の意向や入居者の状態などから、入居者が生き生きと自信を持って暮らしているのかなど、入居者の観察から始まります。観察してよい方向に進んでいるならば、認知症対応型共同生活介護計画は有効に機能して、それに基づきスタッフもケアできていると判断できます。有効に機能していないとすれば、修正が必要になります。入居者の状態を観察し、当初目ざした方向に進んでいるか否か、モニタリング結果を家族にも説明し、今後の希望等を確認します。

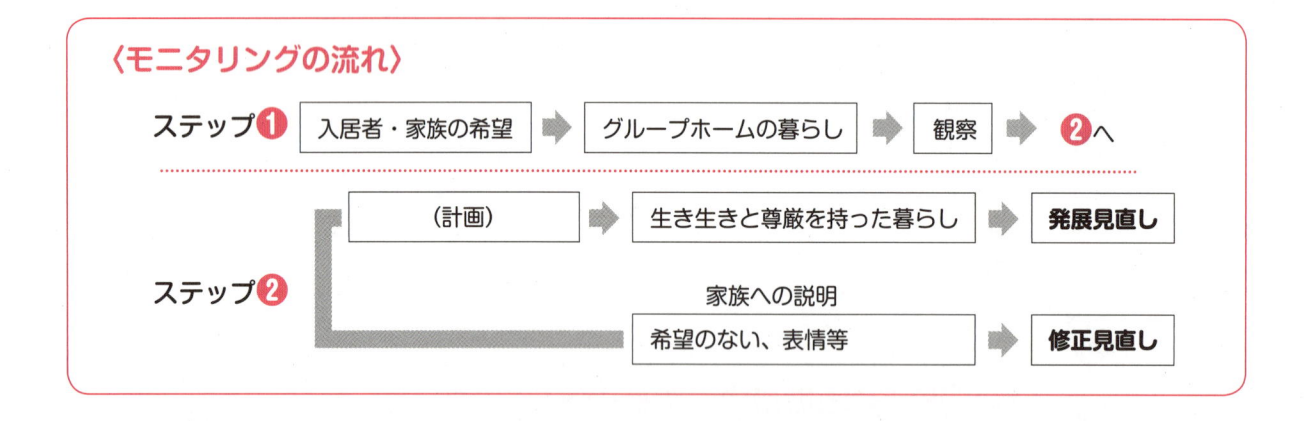

〈モニタリングの流れ〉

ステップ❶　入居者・家族の希望 ⇒ グループホームの暮らし ⇒ 観察 ⇒ ❷へ

ステップ❷
- （計画）⇒ 生き生きと尊厳を持った暮らし ⇒ **発展見直し**
- 家族への説明　希望のない、表情等 ⇒ **修正見直し**

●モニタリングの内容

モニタリングでチェックすべき点は、いろいろありますが、基本的にはサービスの目標がどれくらい達成できているか、その結果、入居者が尊厳ある暮らしができているか、あるいはその方向に向かっているか、になります。

具体的には、入居者が生き生きと暮らせているか、どんな生活の場面でどんな役割が期待され、どれくらいできているのか、積極的に外出しているか、また外出先ではどんなようすか、買い物ではどんな役割を担っているか、どれくらい役割を果たせているか、そこでスタッフやほかの入居者とどんな会話をしているのか、などです。

●サービス提供結果の記録

サービス提供結果の記録には、大きくくくって、①日々の入居者の状態についての記録（個別入居者ごと）、②個別の援助計画についての評価・モニタリングの記録があります。記録することが目的ではなく、入居者の状態を記録することで、処遇の改善や、引継ぎの円滑化、事故防止などに役だてることが目的です。また、争いになったとき、処遇内容の証明にもなります。趣旨を理解して、記録することが大切です。

リスクマネジメント
入居者や家族に被害を与えないためのものです

　一般的な組織のリスクマネジメントの目的は、「組織を守る」「社会や顧客等に被害を与えない」ということですが、グループホームにおけるリスクマネジメントに求められるのは「入居者とその家族に迷惑や被害を与えない」ということです。グループホームのリスクマネジメントは、けっして新しい取り組みを求めるものではなく、介護事故防止のための取り組みに基づき、生活上、起こりうるトラブルや事故を把握して予防策と万が一起こってしまったときの対応策をたて、これをマネジメントしていく活動です。これらの予防策や対応策については、グループホームにおける仕組みづくりとスタッフの人員確保や教育といった運営上のリスクマネジメントも含めて行なう必要があります。スタッフひとりひとり、そして組織がリスクを意識した活動を持続的、さらに発展的に行なうことが、グループホームにおけるサービスやケアの質の向上につながります。

〈リスクマネジメントのサイクル〉

- リスクを発見する
- ↓
- リスクの具体的な内容や重大性を評価する
  - ※発生していなくても、発生すると重大な被害を及ぼすことが懸念されることも含む
- ↓
- リスクへの対応策を検討し、決定する
- ↓
- 対応策を実行する
- ↓
- その対応等を職員が共有し、ホームの質の改善につなげる（会議・研修等の活用）

（サイクルは最初に戻る）

●生活上のリスク

認知症患者は、認知的機能の低下はもちろん、身体的機能の低下のため、生活上いくつかのリスクがあります。これらに対してどんなリスクがあるのかを把握し、対応策をたてていきます。ただグループホームは、入居者の自立した尊厳ある生活を保障しなければなりません。リスク回避のために入居者の生活や行動を制限したり、拘束したりする対策をたてることはできません。以下は生活上の代表的なリスクです。

- **服薬ミス** 入居者の多くは高齢や認知症のために服薬をしています。食前、食後、1日1回、もしくは3回など薬の飲み方に注意していても間違いが起こりやすくなります。スタッフに最低限の研修と、服薬についてのダブル・トリプルのチェックシステムをつくるなどが必要です。
- **転倒等のけが** 介護が必要な高齢者にとって、けがのリスクは非常に高くなります。予防も重要ですが、けがをしたときの対応も重要で、起きると倒れるので寝かせたままにする、車イスに安全ベルトで固定する、外出できないように玄関に施錠するなど、過剰に反応すると抑制につながりやすいので注意が必要です。
- **行方不明事故** グループホームから出て行ってしまう、外出先で行方不明になるなどのリスクがあります。タクシー会社や地域包括支援センター等に緊急連絡し行方不明者を捜す仕組みをつくるなどの対応策が必要です。

●運営上のリスク

トラブルや事故を未然に防ぐための対応策は、「これからは気をつける」「がんばる」「見守りを強化する」といった抽象的なものでは意味がありません。「なぜ起こりそうになったのか」「なぜそうなってしまったのか」を掘り下げ、いつだれが遭遇しても対応できる運営上の体制づくりが必要です。

- **苦情の活用** 事業改善には、積極的に不満・苦情を吸い上げ、検証できる体制づくりが必要です。
- **事故への対応** グループホームの中での事故、外での事故の想定とその対応策を考えます。
求めるのは安全でなく安心です。狭い安全志向は行動制限等に短絡しやすいので注意が必要です。
- **火災・震災等への対応** 地域の協力を得て、避難訓練を実施し、課題等を事前に把握し、改善します。
- **対応マニュアルの作成** スタッフ全員の共通理解のもと、発生後に迅速に、組織的に対応できるようにマニュアルを作ります。
- **人材確保・育成** 管理者や計画作成者を除き、職員に特に資格の義務づけはありませんが、認知症患者をケアするグループホームは専門的知識や技術が必要であり、人材確保・育成は必要不可欠です。

＊管理者の役割

生活上、運営上のリスクに対して効果的な対応をするために、以下の点で管理者の責任や能力はきわめて重要になってきます。

① 勤務体制の調整、人員を確保する。
② 日々のサービス提供の把握及び記録の確認をする。
③ 給付費（加算等を含む）請求の算定内容のチェックをする。
④ その他業務全般に関わる一元的な管理を行なう。
⑤ ①から④において、必要な指揮命令を行なう。

第2章

グループホーム・ケアプランの実例

グループホームでは入居者ひとりひとりが生活の主役。ケアプランはそれぞれが役割を持ち、生活を楽しめるように工夫されています。

グループホームとは
介護保険の地域密着型サービスのひとつです

　グループホームは、「（介護予防）認知症対応型共同生活介護」と呼ばれており、介護保険サービスの地域密着型サービスのひとつに位置づけられています。対象者は、要支援2、または要介護度1～5と認定されており、認知症であって、少人数による共同生活を営むことに支障がないことも入所の条件です。また、原則として入居者の住所がある区市町村にあるグループホームの利用となります。

　5～9人の高齢者がプライバシーの保てる個室（ユニットケア）で暮らし、ケアマネジャーや介護スタッフのケアを受けながら、可能な範囲で食事作りや掃除、洗濯などを自分で行なったり、役割分担をして自宅に近い状態で生活します。

　グループホームには医師は常駐しておらず、医療面のサービスは必要最低限の提供となります。そのため、たんの吸引や水分や栄養をチューブで胃に入れる胃ろう、床ずれ、鼻などから流動食を投与する経管栄養、尿管カテーテル、酸素吸入などが必要な人は、入居が難しい場合があります。また、入居中に状態が変わり、治療が必要となった場合も状態によっては退去となり、医療機関への入院が長期になった場合も退去となる場合があります。

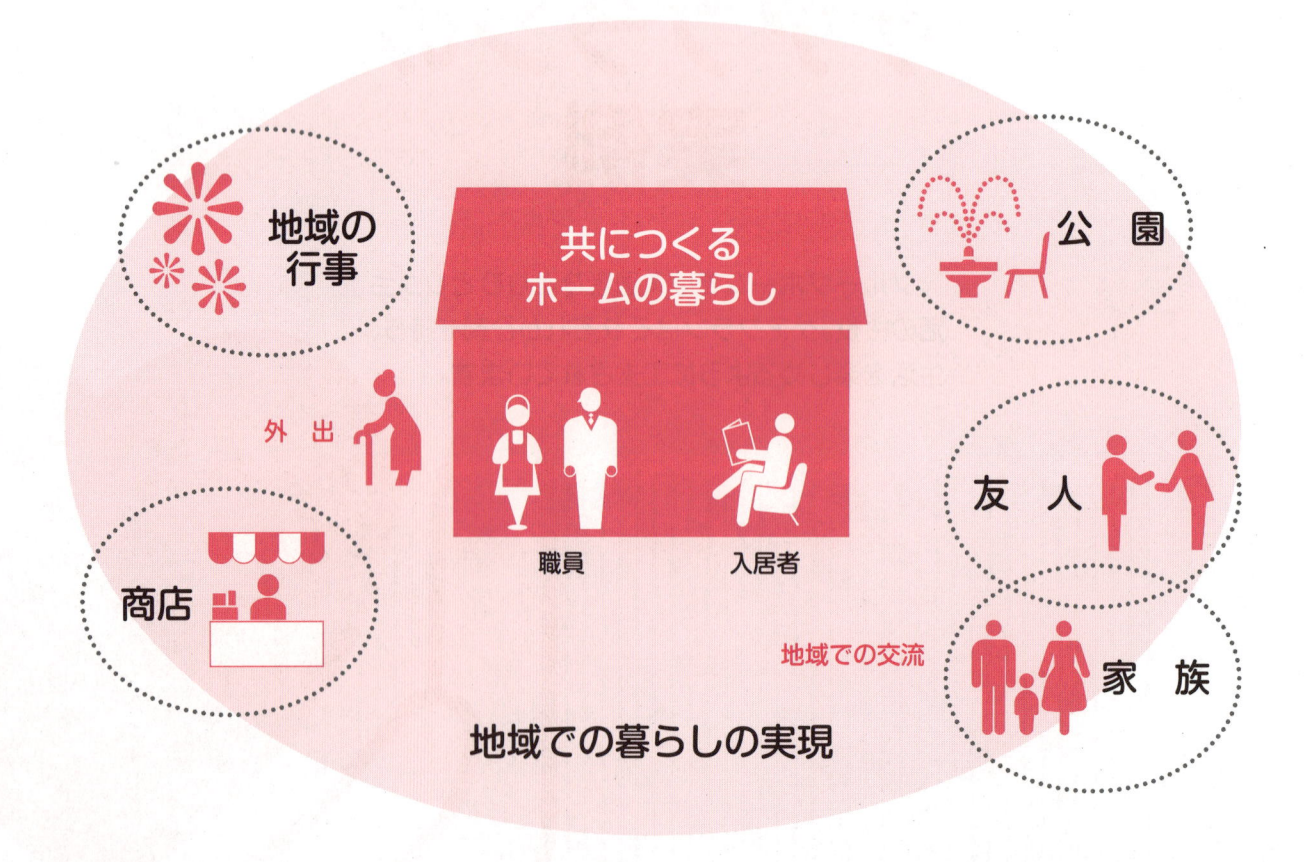

地域の行事　共につくるホームの暮らし　公園
外出　職員　入居者　友人
商店　　地域での交流　家族

地域での暮らしの実現

グループホームの目的
グループホームは入居者の住まいです

　グループホームは介護保険サービスの中で在宅サービスに位置づけられています。つまり、入居者にとってグループホームは住まいです。入居者がホッとでき、わがままを言え、その人らしい暮らしをする場所です。スタッフは入居者と共に暮らしている感覚を持てるように努め、できるだけ入居者のじゃまにならないように「さりげなく」動き、必要なサポートします。このような暮らしの中で認知症の症状が緩和されることを目的としています。

　スタッフはケアを通して、入居者ひとりひとりがこれまでの生活をベースに、できるだけ落ち着いて暮らせる工夫をしていきます。そのためには、訪問介護、通所介護などの在宅サービスや施設サービスとは違う、きめ細かいアセスメントが必要となります。

●スタッフは「その人らしい暮らし」をサポートします

　入居者の生活の場であるグループホームにおけるケアは、いわゆる3大介護（食事、排せつ、入浴）の視点だけでは考えられません。認知症の人に対して、尊厳の保持・自立支援の視点を持ちながら24時間生活全般をサポートするのがグループホームケアです。

　施設のようにスタッフの仕事が細分化されていないので、身体も生活支援もすべて暮らし全般にわたって気配り、目配り、心配りが求められることになります。

●「地域住民」であることをサポートします

　在宅サービスであるグループホームケアは、入居者が地域住民であることをサポートします。認知症の症状のある入居者が、住民として普通の暮らしが送れるように配慮するケアが求められます。

　地域で普通の暮らしができるようにするには、認知症の理解を地域で広める努力も必要です。そのために自治体と事業所が協力して認知症サポーター養成講座などを行なうことも有効です。そしてもっとも重要なのは、入居者が地域の中に普通の風景として溶け込んでいくことです。そのためには、スタッフは地域を知り、その地域での暮らしを知ることが必要です。地域の歴史、習慣、行事などをスタッフ全員で共有し、入居者の地域住民としての暮らしをサポートします。

グループホームの日常
ゆったりとした生活がベースにあります

　グループホームでは、入居者が在宅の延長として普通の暮らしをしています。したがって入居者が支援を受けるだけでなく、人とのかかわりの中で、役割を認識して暮らせるよう支援することが大切です。

食事

★全員が同じものを食べることを前提にしない

　事前に献立予定表で決めますが、全員が同じものを食べるのではなく、入居者の意思を尊重して何を食べるかを決めます。ただし、多くの人たちの意見がまとまることは難しい面もあり、入居者の好き嫌い、アレルギー反応が出る恐れがある食材などは事前に把握しておきます。

　また、食べるものが偏らないよう、多様な食材を取り入れる配慮が必要で、「いつ何を食べたか」の献立記録を作成しておくと後で役だちます。

★食事は、生活の基本

　献立の決定から買い物、調理、摂取、後かたづけに至るまで、1日3回繰り返しが毎日行なわれます。

　また、食事作りには、おおぜいのかかわりが可能であり、いっしょに暮らしている人たちの共同作業が可能となる機会でもあり、有効な活用が期待できます。

★食事の時間は決めておかない

　起床・就寝、食事などは、生体のリズムにも大きくかかわることですが、その暮らし方がさまざまな人たちが集まっているのがグループホームです。食事時間の設定は、自発的に行動する入居者と共に準備し、起床時間の遅い入居者へは起床後に温かいものが提供できるように工夫します。

★利用者といっしょに調理しながら温かいサポートを

　作り方や味付けなどについては、入居者のこれまでの生活経験の違いでトラブルにつながることもあります。何回も繰り返し説明しないと調理が進まない人、調理に積極的な人、そうでない人、最後まで一生懸命作る人、待てずに食べ始める人など実にさまざまです。調理に携わるスタッフの幅広いレシピの知識や入居者間の調整力が必要です。本書の後半には、多くのレシピを掲載しています。ぜひ参考にしてください。

★居室でも食事できることが望ましい

　場合によっては他の入居者といっしょに食事をすることができない入居者もいるので、食堂だけでなく居室やほかの部屋でも食事ができるよう配慮が必要です。

★出前、外食なども取り入れる

　家庭でも、出前を取ったり外食をすることがあるように、グループホームでも出前や外食を時々取り入れる工夫も必要です。また、アルコール類も一律に規制せず、希望者を募って近所の居酒屋に行くなど企画してもいいでしょう。

★実際の献立例

献立例　5月～9月　【利用しやすい豚肉・鶏肉・甘塩ジャケを中心にしたメニュー】

朝食	昼食	夕食
さつま揚げと野菜の炒め煮 ホウレンソウのゴマ和え 納豆 ご飯　　味噌汁 ・さつま揚げ、ジャガイモ、ニンジン、干しシイタケ ・ホウレンソウ、すりゴマ ・納豆 ・米 ・キャベツ、油揚げ	タラコスパゲッティー香味野菜風味 インゲンと牛肉の生姜煮 トマトとレタスのサラダ セロリとワカメのスープ 野菜ジュース ・タラコ、長ネギ、ミツバ、スパゲッティー ・冷凍インゲン、牛薄切り肉 ・トマト、レタス、タマネギ ・セロリ、ワカメ、鶏がらスープ	鶏と根菜の和風豆乳シチュー かまぼことキュウリのワサビ和え 卵豆腐のあんかけふう 十六穀豆入りご飯 ・鶏もも肉、ジャガイモ、冷凍和風野菜、タマネギ、ニンジン、豆乳、シチューの素 ・かまぼこ、キュウリ、ワサビ ・卵豆腐、万能ネギ（庭から） ・雑穀、アズキ、米
フレンチトースト ボイルウィンナー＆温野菜 ハチミツヨーグルト ミルクティー or カフェオレ ・食パン、卵、シナモン、グラニュー糖、バター ・ウィンナー大、ニンジン・ブロッコリー 　カリフラワー、インゲン 　ジャガイモ（温野菜は前日夕食時に準備） ・レタス ・プレーンヨーグルト、ハチミツ ・紅茶とコーヒー、牛乳	夏野菜のチキンカレー（ナッツライス付） フライドポテト 簡単ピクルス モヤシとワカメの中華スープ フルーツ（グレープフルーツ） ・鶏もも肉、ナス、ズッキーニ、パプリカ赤、タマネギ、カレールー、マッシュルーム、スライスアーモンド、ピスタチオ、米、ハラン（庭から） ・冷凍フライドポテト ・キュウリ、新タマネギ、ベビーコーン ・モヤシ、ワカメ、鶏がらスープ	ホウレンソウとサーモンのクリーム煮 ベーコンとコーンのソテー サツマイモのレモン煮 麦と雑穀入りご飯 卵のスープ ・ホウレンソウ、甘塩ジャケ、市販ホワイトソース、牛乳 ・冷凍コーン、ベーコン ・サツマイモ、レモン ・押し麦、雑穀、米 ・卵、タマネギ、コンソメ
菓子パンバイキング ジャガイモとベーコンのミルフィーユ風煮 レタスサラダ パセリ（庭から） カフェオレ or ミルクココア 菓子パン12種類 ・ジャガイモ、タマネギ、トマト、ベーコン、チキンコンソメ、パセリ（庭から） ・レタス、カイワレダイコン ・市販のパンプキンスープ	豚とパプリカのカラフル炒め ひじきとクルトンのシーザーサラダ キュウリの塩もみショウガ風味 ご飯、ポテトのブイヨンスープ フルーツ（バナナ） ・豚ロース薄切り肉、パプリカ赤黄、長ネギ ・長ヒジキ、ニンジン、キュウリ、ハム、粉チーズ、クルトン 　（前日朝のパンの耳をローストする） ・キュウリ、甘酢ショウガ ・米、ジャガイモ、万能ネギ	三色揚げ はんぺんとモヤシのピリ辛ソース 卵豆腐 ご飯 ベーコンとチンゲンサイのスープ ・豚ロース薄切り肉、スライスチーズ、オオバ、タマネギ、卵 　レモン、パン粉、ローズマリー（庭から） ・モヤシ、はんぺん、長ネギ、豆板醤 ・卵豆腐　米 ・ベーコン、チンゲンサイ、鶏がらスープ

献立例　【丼物、旬の魚、冷凍おかずを使ったメニュー】

	朝食	昼食	夕食
丼物	梅納豆丼 アジの磯辺さんが焼き タクアンのゴマ和え 豚汁 ・納豆、オクラ、梅干、長イモ、ちりめんじゃこ、のり、米 ・アジ（3枚におろしたもの）、のり、オオバ、長ネギ、ミョウガ ・タクアン、白ゴマ ・冷凍の豚汁の具等	マグロの漬け丼 ダイコンとユズの甘酢 トマトのバジル風味 味噌汁 ・刺身用マグロサク、刻みのり、オオバ、カイワレナ、米 ・ダイコン、ユズ刻み ・トマト、タマネギ、生バジル（庭から） ・ナス、万能ネギ（庭から）	マグロのねばねば丼 タクアンのオカカ和え 春雨とカニカマの酢の物 味噌汁 ・刺身用マグロサク、納豆、長イモ、万能ネギ（庭から） ・タクアン、削り節 ・春雨、カニカマ、キュウリ ・キヌサヤ、麩、油揚げ
旬の魚	ブリの甘味噌焼き 三色和え 揚げ豆腐ニンニク風味 お吸い物 ・ブリ切り身、長ネギ、豆板醤、甜麺醤 ・インゲン、ニンジン、こんにゃく ・絹ごし豆腐、サニーレタス、トマト、ニンニク ・春雨、マイタケ	煮魚（旬のもの） 筑前煮 キュウリとミョウガのもみ漬け ご飯　　味噌汁 ・煮魚用切り身 ・鶏もも肉、ニンジン、レンコン、タケノコ、サトイモ、キヌサヤ、干しシイタケ ・キュウリ、ミョウガ ・米 ・ホウレンソウ、ニンジン	サバのカレー竜田揚げ さつま揚げと切干ダイコンの炒り煮 サトイモのサラダ ご飯　　味噌汁 ・サバ半身、レタス、トマト、レモン ・切り干しダイコン、冷凍ミックスベジタブル、さつま揚げ、焼き麩 ・サトイモ、キュウリ、タマネギ、マヨネーズ ・米 ・チンゲンサイ
冷凍おかず	アジフライ マカロニ＆バジルポテトサラダ 漬物 ご飯 味噌汁 ・冷凍アジフライ、キャベツ、レモン ・マカロニ、ジャガイモ、ニンジン、タマネギ、ハム、ゆで卵、バジル ・市販の漬物 ・米 ・ホウレンソウ、麩	焼き餃子 キムチ冷奴 筑前煮 ご飯 味噌汁 ・冷凍餃子、レタス、プチトマト ・キムチ、絹ごし豆腐、のり ・筑前煮の具、さつま揚げ ・米 ・ジャガイモ、タマネギ	コロッケ盛り合わせ ゴーヤチャンプルー ヒジキの炊き込みご飯 キュウリとハムの中華ふうサラダ 味噌汁 ・冷凍カニクリームコロッケ、牛肉コロッケなど、サラダ菜 ・ゴーヤ、卵、木綿豆腐、ニンジン、スパム缶 ・芽ヒジキ、炊き込みご飯の素、米 ・キュウリ、ハム、春雨 ・チンゲンサイ

入浴

★いつでも入浴できるのが理想
　基本的には入居者が入りたいと思ったときが入浴のときであり、それに対応できるようにすることが大切です。ただし、生活歴や入浴の効果を考慮すると夕食後から就寝前に入ること（促すこと）が多いため、勤務時間との関係でスタッフ配置の工夫が必要となります。また、失禁や暑い夏の日等、随時入浴もあることを考慮します。

★介助は必要に応じて
　入浴は基本的に入居者自身が行ないますが、洗髪・洗身が不十分な場合や身体の状態によっては入浴介助が必要になります。

★時には入浴の促しも必要
　入居者の意思を最優先することは重要ですが、数日間入浴していない入居者には入浴を促すことが、衛生上必要です。入居者の入浴状況を把握し、時期を見計らって入浴を促します。

★異性への配慮
　年齢に関係なく、男女が共同生活をしている場合、スタッフは「異性」を気にかける入居者に対する配慮が必要です。

掃除

★居室はプライバシーを守って
　居室は入居者のプライベート空間であり、基本的には入居者が掃除をするよう誘導します。ただし、入居者が掃除をできない場合は、スタッフがサポートします。入居者の目の届かないところはスタッフがさりげなく掃除等のサポートすることが必要です。その際、スタッフがかってに掃除をしたり、「しょうがないんだから」などと言葉の暴力を発したりしないよう注意します。これらのプライバシーに関することは、家族などに説明し同意を得ておくことが重要です。

★居室以外も入居者を中心に
　共同で使用する食堂や居間、玄関なども入居者を中心に、入居者の状態に応じて掃除をします。ただし、細部にわたる清掃が困難な箇所は、スタッフによる点検や補助を行ない、高所や浴室等危険度が高い場所は、スタッフが対応します。その際、使用する洗剤の管理には十分に注意します。

洗濯

　入居者が洗濯の扱いが困難な場合は、スタッフが適切なサポートを行ないます。入居者には、洗濯干しや取り込み、畳みなどが行なえるようサポートします。その際、洗濯物が人の物に混入したり、紛失したりしないよう注意します。他人の物に紛れたりすると、トラブルの原因になることがあります。

更衣

　基本的には入居者の意思によりますが、常識から外れた服装をした場合は、スタッフが直すことがあります。同じ服を毎日着続けているようなときも、配慮が必要です。洗顔を促したり、女性の場合は化粧についても気を配ったりします。

衛生

　義歯洗浄など口腔内の衛生は、できるところは入居者自身で行ない、必要に応じスタッフが対応します。シーツ交換や布団干しは、入居者が自発的に行なうことが困難なので、スタッフがそのつど行ないます。歯ブラシは、個人使用のものなので、個人別に分けて保管します。

理美容

　グループホーム内である程度行なうこともできますが、可能なら地域の理美容室に行くことも考えられます。近所に理美容室がない場合は、地域の理美容組合に相談するなど工夫します。

排せつ

　入居者によっては、後始末が不十分なため便器周辺を汚したり、おむつなどを使用していれば介助を要する場合があります。排せつはデリケートなものなので、スタッフはさりげなくサポートします。その際、本人の尊厳を傷つけないよう、周囲の目にも十分に配慮します。なお、尿便意を言えない入居者もいるので、そのような場合は、スタッフは観察により入居者を誘導するなどのサポートが必要となります。

外出

★出かける楽しみを伝えて

　入居者の心身の状態が許す範囲で、地域社会にかかわったり出かけたりする機会をつくります。買い物は日常的に外出する用事として最も一般的です。食材は買いだめせずに、直前にスーパーなどへ行くことを基本にします。物品を購入する際も、入居者を誘っていっしょに出かけたり、たまには喫茶店での談笑も入居者と共に楽しみましょう。

★地域にグループホームを知ってもらうきっかけに

　散歩・歩行は心身機能を維持するうえでも、生活の楽しみとしても重要なので、近所だけではなく、目的を決めた遠出も企画します。この場合、公共交通機関を使うことも大切です。入居者が外出することは、本人の生活を充実させるメリットがあるとともに、地域の人に入居者やグループホームの日常を知ってもらう意味もあります。近所の人が、入居者を知ることは、いざというときに地域ぐるみで入居者を支えてもらうきっかけにもなり得ます。

イベントや行事などの活動

★時にはレジャーや娯楽を楽しむ

日常の生活以外の地域のイベントや行事等の活動を積極的に取り入れ、入居者の楽しみや目標になることを増やすよう心がけます。グループホームでの毎日が、画一的で変化のないものにならないよう工夫が必要です。

★入居者の意思に基づいて

旅行などの非日常的活動への参加は、あくまでも入居者本人の意思に基づきます。全員を対象とした活動であっても、不参加の意思を尊重することが大切です。認知症の状態を考慮し、入居者の意思はあくまでもそのときの意思を尊重します。途中で言うことが変わることもあり得ます。意思を断定的にとらえないように注意が必要です。
(『認知症高齢者グループホーム開設の手引き』東京都福祉保健局高齢社会対策部を一部参考に作成)

あるグループホームの地域参加

●町会の一斉清掃に参加

グループホームが自治会の会員として町会の活動に参加しています。活動の一環として町内清掃に参加することもあります。少しよそ行きの顔で掃除などに精を出す入居者は、ご近所さんから「ありがとう」と声をかけられ、おみやげの飲み物を渡され、満足そうな顔をして帰宅します。

●地域といっしょに避難訓練

高齢者施設の安全性が話題になったとき、グループホームで定期的に実施している総合避難訓練に近隣の方たちからいっしょに参加したいという希望を受け、避難誘導と消火器の使い方に参加してもらいました。住民の方たちから「何かのときは声をかけてください」と言われ、心強く思いました。

グループホームの入居の流れ
入居者と家族へのていねいな説明が必要です

　グループホームは、利用者ひとりひとりの個性を大切に、地域や家族とのつながりを持って尊厳ある暮らしの支援を目的としています。入居者が個性や状態に合わせて「普通の暮らし」を実現できるよう、事前にスタッフは支援しますが、入居者やその家族に「普通の暮らし」をするということがどういうことなのかをていねいに説明する必要があります。入居者はほかの施設のように世話されるだけではなく、日常的に役割を意識して暮らすこと、外出をしたり、地域参加をしたりすること、家族も預けっぱなしにするのではなく、共に参加してもらうことなどを入居者と家族に理解してもらいます。

　契約にあたっては、特に入居者の負担額（利用料負担）についてていねいに説明して了解を得ること、強制退居事由を設けている場合は、口頭で説明するだけでなく、文書で説明することが必要です。

●入居手続きと生活支援の流れ

利用申し込み

↓

重要事項説明書の交付と説明

　利用同意書
　- グループホームでの生活・基本方針などをわかりやすく説明
　　（地域密着型サービスの説明もあわせて行なう）
　- 認知症であることの確認（診断書、主治医確認）
　- 介護保険被保険者証の確認

↓

契約（契約書の取り交わし）

　- 介護保険被保険者証にグループホームへの入居日を記載

↓

アセスメント

　- 入居者及び家族の意向確認
　- ADL・IADL、心身の状態、行動障害などの確認

↓

認知症対応共同型生活介護計画の作成

　- 計画作成者を中心に、職人、入居者（家族）共同で作成
　- 入居者の同意と交付

↓

認知症対応共同型介護の提供

　- グループホームでの生活
　- それぞれの役割分担
　- 生活への参画

↓

生活の記録

↓

評価・記録と入居者または家族への説明

●入居手続き

重要事項の説明と同意、待機期間等を経て、実際の入居に当たっては、次の手続きを行ないます。

1　重要事項説明と同意

入居に当たっての最終的な説明をします。具体的には、部屋の構造と備え付けの備品などについて、入居者が持ち込む（持ち込める）物について、食事時間、入浴時間、おやつ、アクティビティ、外出支援、1日の大まかな生活リズムについてなどです。

2　契約書の取り交わし

入居者（もしくは法定代理人）と事業者の契約、提供するサービスと費用（支払総額の内容等）、強制退居の要件等の明示等入居者の不利益となる事項についての説明と契約が必要です。

3　個人情報使用についての同意

入居者及び家族情報を利用する場合は、入居者はもちろん、家族（主たる介護者）の同意が必要です。入居者本人の判断能力がないなどにより家庭裁判所から「後見人等」が選任されている場合は、「本人の代理人として」後見人等が同意することになります。それとは別に、会議などで家族の情報なども使用する場合は、家族の同意も必要になります（この場合は代理人ではありません）。

〈参考〉

他の区市町村のグループホームを利用する場合

グループホームは地域密着型サービスに位置づけられ、原則として入居者の住所がある区市町村にあるグループホームしか利用ができません。特別な事情があり、他の区市町村にあるグループホームの利用を希望する場合は、ケアマネジャーやグループホームは、事前に関係自治体と連絡を取る必要があります。連絡を取らないまま手続きを進め入居すると、入居ができなくなることもあります。

A市に住所がある人がB市のグループホームへの入居希望

❶ 入居者（ケアマネジャー）がB市のグループホームの空き状況を確認
　　↓
❷ A市に相談
　　↓
❸ A市とB市が協議（B市が承諾）
　　↓
❹ A市とグループホームの協議
　　A市が当該グループホームを指定・承諾
　　↓
❺ B市のグループホームへの入居

グループホームにおけるプランのポイント
課題設定をするまでにはていねいな作業が必要です

　グループホームのケアの基本は、可能な限り家族と友人と交流し、地域にも出かけ、時にはイベントにも参加し、入居者がみずからの役割を認識し、果たしているという「普通の暮らし」を、入居者ひとりひとりが個性や状態に合わせて実現していくことです。計画作成に当たっては、可能な限り入居者や家族の参加を得て、入居者の実情に即したプランになるよう努めます。

ポイント 1　プランを作成する前の心得

- 「認知症対応型共同生活介護計画」は入居者ひとりひとりの顔がわかるものにする。
  - 個別性を生かす。
- グループホームは入居者と職員が暮らす「もうひとつの家」
  - 建物の構造は施設のようであっても、暮らしの場「普通の家庭」らしい毎日を送ることができる家（home）になるようにする。
- 離れて暮らす家族も、入居者のサポーターのひとり。
  - 「スタッフ＝サービスの担い手」ではなく、家族・友人・ボランティア等とのつながりは、入居後も続くことを忘れないようにする。

ポイント 2　アセスメントをするときに大切なこと

- 「情報を集めてそれで満足」「事前資料は入居後に活用されずそのまま保管」ではなく、計画をたてる際にフル活用する。
- 耳を傾けること、観察すること、思いを巡らすことが重要。
  - 入居者や家族の言葉や表情、家での生活のようすを、まずはありのまま受け止めてみること。
- アンテナを張って入居者の変化に気づく。
  - いつもの生活、ふだんの時間の流れの中で、入居者の言動・表情等が以前とはどこか違う、違和感があるなど、入居者にとっての居心地のよし悪しに気づき、その原因を突き止める。
- 入居者の行動など主観ではなく客観的にとらえる。

ポイント 3　課題設定をしてみよう

- グループホームの中だけでは目標達成ができないこともあるので、地域や家族の協力を得る。
- 入居者に対し、「暮らしの中の自由」「ひとりの時間・みんなとの時間」「すこやかに暮らす」の視点が必要。

●プラン作成のポイント

★いっしょに生活をつくるという視点を持つ。
★集団処遇と個別処遇を具体的に考えながら、ひとりひとりのプランを作成する。
★入所施設のような「ケア」ではなく、グループホームでの「生活を支えるサポート」をする。
★標準的な1日の流れと、ひとりひとりの入居者の希望・心身の状況・環境等に配慮した個別援助計画を作成する。

〈例〉

一日の流れ		
標準的な時間の流れ		
起床	夜勤 整容	○個別の入居者ごとの希望や意向、そのほかの必要性に合わせた具体的計画
朝食		・希望（どんな暮らし方を）
（買い物）		・その実現のために グループホームケア（共同生活）をどう実現するのか
昼食		
（買い物）		**○ ひとりひとりの入居者の 時間の流れ**
夕食		
就寝	夜勤	
● 地域交流 ● 家族や知人などとの交流		

認知症状：軽度 → 高齢、重い
年齢 →
ひとりひとりが異なる
多様な入居者の普通の暮らしの実現

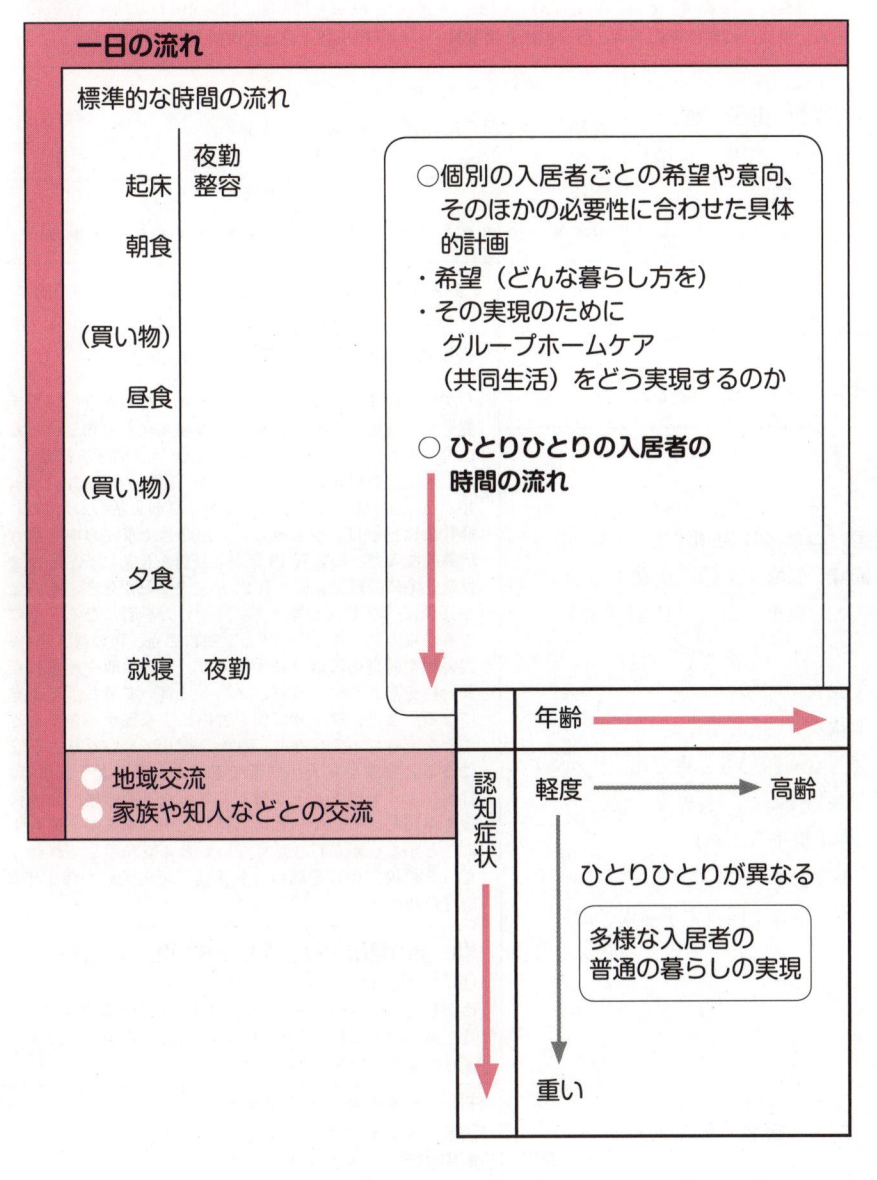

グループホームの計画書作成の実例

要介護 2　春野花子さんのアセスメントシート

アセスメント様式は、グループホームによって異なります。ここでは利用者の基本情報をフェースシートに、ADL・IADL・その他についてアセスメントシートに記入する、オリジナル様式を使ってご紹介します。

基本項目に関する項目

アセスメントシート（フェイスシート）

入居日：　H22年　5月　4日　（更新年月日　H23年　8月　18日）

アセスメント実施日：H23年 8月 15・17日 18日（メール）　時間：10：00、15：30　　場所：居室
参加者：本人、家族、計画作成担当者、居室担当介護職員　　　担当者：計画作成担当者　○○　○○

ふりがな　はるの はなこ 氏名　　春野 花子　様 （旧姓　T　）　男・**女**	〒 ＊＊＊-＊＊＊ 住所　○○県○○市○○町＊＊＊＊＊	
生年　M・T・**S** 月日　18年 9月 3日（○○歳）	電話 ＊＊＊-＊＊＊-＊＊＊	携帯 ＊＊＊-＊＊＊-＊＊＊

家族構成	生活歴　☆故郷　○○県○○市○○区○○町
5人家族（同居・日中ひとり） 本人 長男家族（長男・妻・孫2人） 名前 父 △△△　　母 ○○ 配偶者　△△（H21 死亡） 兄弟姉妹　長女：○○　次女：○○ 　　　　　長男：△△（H21 死亡） ・子 ①長女：○○ 　　②次女：○○ 　　③三女：○○（2歳で死亡） 　　④長男：△△、長男妻：○○○ ・孫　中1男子（△△） 　　　小3女子（○○○） ・ペット　ネコ1匹（すずらん　雌）	☆学歴　公立女子高校卒 ☆職歴　会社員（経理・総務） 　高校卒業まで故郷で暮らす。就職のため東京へ。大手製造業の社員として、38歳まで勤務。仕事で知り合った亡夫は銀行員で、22歳のときに結婚。4人の子を出産。 　亡き三女が病弱だったため早期に退職し看護にあたる。40代から60代ごろまでは主婦業や孫の世話のかたわら、軽登山に出かけ、ショッピングが好きで家族の中で最も活動的な人だった。H18年から長男がK県に新築した2世帯住宅に夫婦で転居。H21年に夫と兄が死亡、その2か月後にペット（ネコ　クロ）が行方不明になる。そのころから、ひとりで外出すると道に迷う、物の置き忘れ、買い物や調理の段取りに手間取り、料理手順や頼まれた買い物を忘れないように、ノートに書いて持ち歩くようになる。また、ひとりで留守番中に、家族が不在であることを忘れて不安になり、近所を探して歩いたり、不安になると家族や友人へ携帯で電話をかけるようになり、日中ひとりでいることが難しくなった。その後、介護保険を申請し、デイサービスに通ったが、本人が「何もすることがないから行きたくない」と4回利用して終わった。その後、GHを勧められ入居。現在入居から1年3か月がたつ。
	思い出の場所・繰り返して思い出すこと （喜び　哀しみ） 懐かしく楽しい思い出：郷里のこと、会社員時代のこと 時々思い出す悲しいこと：居なくなったネコのこと、亡き兄のこと、亡き三女のこと。

緊急 連絡先①	ふりがな 氏名　△△　△△△ 　　　　　　　　続柄：長男	住所　＊＊＊＊＊＊＊＊＊ 電話　＊＊＊＊＊＊＊＊＊ 携帯電話　＊＊＊＊＊＊＊＊
緊急 連絡先②	ふりがな 氏名　○○　○○ 　　　　　　　　続柄：長女	住所　＊＊＊＊＊＊＊＊＊ 電話　＊＊＊＊＊＊＊＊＊ 携帯電話　＊＊＊＊＊＊＊＊

生活歴は利用者や家族などから聞き取ります。初回の面談では聞けなかったことも、信頼関係ができ、緊張が解けてくると、徐々に話をしてもらえるようになります。その場合は、アセスメントの回を重ねながら内容を更新します。

家族等の名前（呼び名）は利用者から聞き、家族に補足してもらいます。ペットを飼っている場合は、ペットの名前も聞きます。

グループホームの計画書作成の実例｜春野 花子さんのアセスメントシート　要介護2　第2章

健康状態	入居前1年程度　腰痛や膝関節痛で整形外科に通院していた。かぜや鼻炎で内科に通院したことはあるが、そのほかは健康。 GH入居後は、時々腰痛と膝関節痛で整形外科に通院、心配事があると食欲が低下し、2日程度寝ていることがある。その際は、かかりつけ医の診察を受け、診察の結果問題はないと説明を受けると、元気になる。	要介護度 支2　介護1　2　3　4　5 申請中
		認定期間 H 23/　9/1 ～ H　25/ 8/31
		認定日 H 23/　8/10
		これまでの介護度の変化 要介護1→要介護2

アセスメントシート　利用者氏名：春野 花子　様
実施年月日：H23年　8月　15・17日 18日（メール）
アセスメント回数（4回目）

困難度と改善の可能性	自立度	自立度	一部介助		全介助		その他
	楽にできる	少し難しい	改善の可能性が高い	改善の可能性が低い	改善の可能性が高い	改善の可能性が低い	行なっていない
判定	○1	○2	△1	△2	△3	△4	0

○予測される状態：生活全般の解決すべき課題が達成されたら、あるいはその過程で、状態はどのように変わるか予測し記入する。

現在の状態と今後予測される状態を記入することで、その差を意識しながらアセスメントすることがポイントです。

アセスメント項目		状　態	予測される状態	生活全般の解決すべき課題	優先順位
手段的日常生活動作 IADL	掃除 掃除機　ほうき　はたき　ぞうきん　フロアワイパー 自室の掃除は、スタッフが道具を用意すればその後は自立。ひとりで自分のペースで行なうのが好きなようす。	○1 ○2 △1 △2 △3 △4 0	○1	毎朝の掃除は習慣になっているので継続する。	4
	洗濯 準備する　洗濯機を使う　洗う　干す 取り込む　畳む　かたづける 洗濯機は使えないが、洗面器やバケツで洗濯することができる。脱水終了後に形を整え→ハンガーに干す→途中で乾きぐあいを確認する～畳む、種類ごとに重ねることができる。	○1 ○2 △1 △2 △3 △4 0	○1	天気を気にしながら、洗濯物を干したり取り込んだりしており、本人の役割として習慣になっている。	4

	項目	評価	内容		課題・対応	
手段的日常生活動作 IADL	買い物	○1 ○2 (△1) △2 △3 △4 0	買うものを考える　在庫を確認する　必要品を選ぶ　支払う　収納　賞味期限または使用期限の確認 スタッフといっしょに買い物へ行く。品名を聞き、賞味期限を読み、カゴに入れることができる。	○2	「明日の食事の準備」といった、目の前にないものを想像し、予定をたてるという機会がない。買い物時に支払いを行なっていない。→買い物する品のリストを作る。支払いあるいはお金にふれる機会をつくる。	4
	調　理	○1 ○2 (△1) △2 △3 △4 0	準備する　手順の把握　道具の取扱　切る　調理する　火加減を見る　味見する　お茶を入れる　盛り付け　配ぜんする　洗う　かたづける 米研ぎ、材料のカッティング、準備と後かたづけを行なっている。	△1	・他利用者といっしょにキッチンに立って調理を行なうのは苦手（相手に遠慮したり気を遣うため、ペースが乱れ手順がわからなくなる）。 ・材料のカッティング後、やることがないと落ち着かない。→ドレッシングやソースを作るための調味料の調合や、料理の味見役をお願いする。	4
手段的日常生活動作 IADL その他	通　院	○1 (○2) △1 △2 △3 △4 0		○2		
	服　薬	○1 (○2) △1 △2 △3 △4 0	服薬の有・無　　朝・昼・夕・就寝前・他	○2		
	お金・貴重品管理	○1 ○2 (△1) △2 △3 △4 0	お小遣い程度を家族から預かっているが、本人の嗜好品の買い物時に、みずから支払いを行なうことはない。貴重品は家族が管理している。	○2	外出時に嗜好品の買い物をするが、スタッフに支払いを任せ金銭管理は行なっていない。→そろばんと電卓が使える。日々の食材料費を家計簿につける際、スタッフのお手伝いをお願いする。	4
	電　話	○1 ○2 (△1) △2 △3 △4 0	かける　話す　伝言する　　携帯電話　有・無 以前から携帯電話を持っている。携帯は、電話・メール・動画の基本的な機能を使っている。	△1	携帯を自分で持つと、置き忘れや失くすことがある→スタッフが預かる。 家族との毎日のコミュニケーションに携帯電話は欠かせない。不安になると、家族に電話をかけたくなる→あらかじめ家族から本人へのメッセージメールを送ってもらう。	1 2
	来客の対応	○1 (○2) △1 △2 △3 △4 0	郵便や宅急便の配達員さんや、近隣の方が訪れると、みずから玄関を開け「ご苦労さまです」とていねいにあいさつをし、スタッフを呼びに来る。	○2	来客に対してやや緊張しているようすが見られるが、よそ行きの顔になり、体調が悪いときも来客に対しては通常どおりの対応をしている。	
	地域参加	○1 (○2) △1 △2 △3 △4 0	スタッフと共に自治会の回覧板を近所へ届けたり、隔月の地域の道路清掃などに参加したりしている。	○2	近隣の方とはあいさつ程度の会話はひとりでスムーズにできる。長くなると顔が強ばりスタッフに助けを求めるような表情になることがある。	

携帯電話の電話・メール・写真の機能を使う（使っていた）場合は、家族や友人とのコミュニケーションツールになります。

手段的日常生活動作 IADL その他	友人との交流	良好	(たまに)	なし		ご家族にこのようすを伝え、ご家族から友人にお話ししてもらったところ、スタッフ・友人で打合せ、当面【面会は1時間程度・思い出せないときは別の話題に移る・適宜写真などを見ながら話す・山の歌（本人は今も口ずさむ）を歌う・いっしょに散歩に出る・面会中に友人がトイレに立つ際、本人にトイレを案内してもらい、同時に本人にもさりげなく勧める・気になることがあればすぐにスタッフに声をかける】という ルール で面会を続けてもらうことになった。→8月から対応開始
	軽登山仲間数人の面会が月1回ある。3か月程前から、面会中は笑顔だが、30分程度でひとりリビングに出てスタッフを探し、ソワソワしたようすを見せるようになる。トイレをがまんしていたり、会話について行けないことが原因と思われる。面会後はぐったりしたようすで、ソファや畳に横になって目を閉じていることが見られた。 8月初旬の面会は50分程度だったが、居室から笑い声が聞こえ、面会後も洗濯物のかたづけを行なうなど、疲労は見られなかった。				継続	
	家族との交流	(良好)	たまに	なし		ネコに会いたい、かまいたいという思いがある。→面会時にネコを連れてきてもらう。（他利用者への配慮が必要：居室内で過ごす） 家族の安否や健康が気になり、不安が募ったり食事がとれなくなる。また、ひとりで家に帰る目的で外出することがある→面会以外で家族の安否や健康を確認し安心する方法を家族と相談
	入居から約1年は、自宅への外出・買い物・外食・お墓参り・孫の学校行事の参観等に出掛ける事が中心でホーム内での面会は少なかった。H23/4月孫の中学入学を機に家族の生活リズムに変化があり、外出が減る。6月から、ホーム内での面会が増え、面会時にネコを連れてくることもある。 家族の面会を喜び、面会終了時に寂しそうな表情を見せるが、最後はスタッフと共に手を振りながら「またおいで」と気丈にふるまう。				継続	2 1
	趣味・習い事	軽登山、ペン習字、俳句、料理、ネコをかわいがっている。				
	習 慣	仏壇への「お参り」、命日（実兄、三女、夫）にはお供えを欠かさない。 新聞を読む（70歳くらいまでは、気になる記事を切り抜き、箱に保管していた）。				
	性 格	働き者、気が強い、人に気を遣う、何でもひとりでコツコツやるタイプ。				
	信仰など	入居用に小さな仏壇を購入し持ち込む。写真等を飾り毎朝「お参り」する。				

※ 認知症の症状や現在の心身の状況を知らない方の面会が、利用者の不調の訴えや体調変化につながることがあります。面会時に双方が楽しい時間を過ごすことができるように、家族に相談して対応策を考えます。面会者にもルール（面会時のポイント）を知ってもらい、時には負担のない範囲で、演じてもらうことも必要です。

利用者の生活環境

住まい
・日常行動する範囲と間取り

◎：個室　有・無
C：私物の収納場所
K：台所　　DK：食事場所
WC：トイレ
PT：ポータブルトイレ
SR：洗面所　　BR：浴室
RR：くつろぐ場所　動線は→

注釈	大項目	中項目	小項目・記述	評価
これによって落ち着く、ソワソワする、不調になる、うまくできなくなるなどがないか観察します。	手段的日常生活動作 IADL その他	利用者の生活環境	**・感覚刺激**	
			・におい 　調理中の音やにおいがすると、手伝いを申し出る。	
			・音 　複数の人が大きな声で話す場所や、たくさんの音が混じって聞こえる場所、混んだ店等に長くいると落ち着かない。夜、米を研ぐ音が聞こえると台所に来る。歌謡曲が流れると鼻歌をうたうことがある。	
			・光（まぶしさ、明るさ） 　特になし。	
			・色 　迷彩色やスパンコールは好まない。	
			・模様 　迷彩柄、アニマル柄は好まない。	
声の大きい小さい高い低いに対する反応はどうか。			・温度、湿度、風 　エアコンの風が体に直接あたるといやがる。　風雨が強くなると家が気になり不安になる。	
			・相手の声 　複数の人が大きな声で話す場所は苦手。	
プラスになっていること、マイナスになっていることは何かを書きます。			**・人とのかかわりの中で刺激となること**	
			・家族や友人 　家族との外出を楽しみにしている。 　家族の面会が少ないと、安否や健康が気になり不安になる。面会やネコに会うのがうれしい。	
			・ほかの利用者 　レクリエーションや歌、散歩は他者といっしょに行なうが、家事はひとりでやることを望む。	
			・スタッフ 　他利用者よりもスタッフと行動を共にすることが多い。スタッフの名前は覚えていないときもあるが、外出先でスタッフを探すことができる。	

手段的日常生活動作 IADL	視　力	○1　○2　△1　△2　△3　△4	○1
	メガネ／コンタクトの　有 ・ 無 字を読むときに老眼用メガネ使用。		
	聴　力	○1　○2　△1　△2　△3　△4	○1
	補聴器の　有 ・ 無		
	寝返り	○1　○2　△1　△2　△3　△4	○1
	布団　ベッド　介護ベッド　サイドレール 補助バー		
	自宅で使っていたベッドを持ってきている。		
	起き上がり	○1　○2　△1　△2　△3　△4	○1
	座位保持	○1　○2　△1　△2　△3　△4	○1
	立ち上がり	○1　○2　△1　△2　△3　△4	○1
	立位の保持	○1　○2　△1　△2　△3　△4	○1

グループホームの計画書作成の実例｜春野 花子さんのアセスメントシート　要介護2　第2章

	項目	評価		備考	
手段的日常生活動作 IADL	移 乗	◯1 ○2 △1 △2 △3 △4			
	移 動 杖　シルバーカー　歩行器　車イス	◯1 ○2 △1 △2 △3 △4	外出機会を多く設けている	足腰じょうぶでいたい。→ホームの屋内外を歩く機会を多く設ける。	5
	入 浴 家庭浴槽　デイ　銭湯　シャワー　清拭 入浴回数　平均4回／週	◯1 ○2 △1 △2 △3 △4			
	洗 身 気持ちが不安定な日は、洗ったことを忘れ、同じ部位を繰り返し洗うが、洗い残しがある。声をかけると苦笑いをする。	○1 ◯2 △1 △2 △3 △4	○2	気持ちが不安定な日は見守りと声かけが必要。	
	洗 髪 気持ちが不安定な日は、シャンプーとコンディショナーを取り違えたり、ボディーシャンプーを手に取ろうとしたりする。	○1 ◯2 △1 △2 △3 △4	○2	気持ちが不安定な日は見守りと声かけが必要。	
	着替え 日中のスタイル：洋服、外出時は外出用に着替える。就寝時のスタイル：Tシャツにパジャマ。 下着からコートまで多種多様にそろえている。好みを選ぶことができる。目の前にある物から選ぶため、クローゼットや衣装ケースの奥に入った洋服は着ることが少ない。	○1 ◯2 △1 △2 △3 △4	○2	気持ちが不安定な日は見守りと声かけが必要。衣替えは、本人が家族と共に行なっている。→時々、パイプハンガーに掛ける洋服の順番を変え、選択肢を増やすなどの工夫をする。外出時のおしゃれへの支援を継続。	
	整 容 お化粧　整髪　髭剃り　理美容 基礎化粧からメイク用品まで鏡台に入っている。美容室へは家族と共に出かけている。	○1 ◯2 △1 △2 △3 △4	○2	気持ちが不安定な日は見守りと声かけが必要。メイクの順番がわからなくなるときがある。	
	食事摂取 制限の　有・無	○1 ○2 △1 △2 △3 △4	△1	気持ちが不安定な日は見守りと声かけが必要。メイクの順番がわからなくなるときがある。	5
	摂取量：通常は全量　気分不安定時は20〜50％。		水分摂取量：制限なし　家事労働の後は、日本茶（温）や烏龍茶（冷）を好んで飲む。		
	食事形態：常食菜		アレルギー：なし		
	好きな物：酢飯、煮物、フルーツ、和洋菓子		嫌いな物：レバー、魚卵	はし　スプーン　フォーク他（　　　）	
	排尿・排便 場所：トイレ（洋式　和式）ポータブル　尿器　バルン 用具：布パンツ　リハパンツ　紙パンツ　パッド　おむつ	◯1 ○2 △1 △2 △3 △4	○1	気持ちが不安定なときは通常よりトイレに行く回数が多い。便通（回数・量・形状など）が気になるよう→必要に応じていっしょに確認。排便後に申告してもらう。	5

（おしゃれへの支援も大切です。）

43

手段的日常生活動作IADL	皮膚の状態	じょくそう　有・(無) 痒み　　　有・(無) 部位： 薬：			
	移　動	(○)1　○2　△1　△2　△3　△4 杖　シルバーカー　歩行器　車イス	外出機会を多く設けている	足腰じょうぶでいたい。 →ホームの屋内外を歩く機会を多く設ける。	5
	うがい	(○)1　○2　△1　△2　△3　△4 マウスウォッシュ（私物）を併用している。			
	歯磨き	(○)1　○2　△1　△2　△3　△4 朝・昼・夜3回歯磨きを行なっている。 歯間ブラシ・歯ブラシを使用している。			
	入歯の扱い	(○)1　○2　△1　△2　△3　△4	すべて自歯		

認知症の人の日常生活自立度	Ⅰ　Ⅱa　(Ⅱb)　Ⅲa　Ⅲb　Ⅳ　M
障害老人の自立度	J-1　(J-2)　A-1　A-2　B-1　B-2　C-1　C-2

				備　考	生活全般の解決すべき課題	
観察される症状等	相手に自分の意思を伝える	(できる)	できない			
	直前に何をしていたか思い出す	(できる)	できない			
	今の季節、時間についての理解	(できる)	できない			
	身近な人（家族・友人・スタッフなど）の認識	(できる)	できない			
	同じ話しを繰り返す	(ある)	ない	家族の安否・健康について心配し、繰り返し話す。	家のことが心配で居ても立ってもいられなくなることがある。	1
	同じ動作を繰り返す	ある	(ない)			
	話にまとまりがない（脈略がない）	ある	(ない)			
	他者とかみ合わない会話を続ける	ある	(ない)			
	夕方や天候が悪いと落ち着かない	(ある)	ない	気持ちが不安定な日の夕方や風雨が強い日に落ち着かない。	思い立つとひとりで外出することがある（家のようすを見に行きたい）。	1
	幻覚・幻聴	ある	(ない)			

観察される症状等	昼夜逆転	ある	(ない)			
	夜間不眠または眠りが浅い	ある	(ない)			
	物を盗られたなどという	ある	(ない)			
	被害妄想	ある	(ない)			
	現実には起きていない話をする	ある	(ない)			
	特定の相手に対する感情的または攻撃的な言動	ある	(ない)			
	感情の起伏	(ある)	ない	1日の中で気持ちの浮き沈みがある。	1日の中で気持ちの浮き沈みがある。	
	ひとりになると不安になる、不安を口にする	(ある)	ない	気持ちが不安定な日は、スタッフと共に過ごす時間が長い。		
	だれかを呼ぶ、介助者を探す	(ある)	ない	家族のことが気になると、電話をかけ、家族やネコを呼ぶことがある。	家族のことが気になると、電話をかけたり、家族やネコを呼んだりすることがある。	1 3
	大声を出す	ある	(ない)			
	介護への抵抗	ある	(ない)			
	自室と他者の居室との区別	(できる)	できない			
	いろいろな物を集める、無断で持ってくる	ある	(ない)			
	物を壊したり裂いたりする	ある	(ない)			
	食べ物以外の物を口にする	ある	(ない)			
	ひとりで外へ出て行こうとするまたは「ひとり外出」	(ある)	ない	気持ちが不安定な日の夕方や風雨が強い日に落ち着かず、ひとりで外出することがある。遠くへは行かない。	思い立つとひとりで外出することがある（家のようすを見に行きたい）。	1
	独り言や独り笑い	ある	(ない)			
	外出や他者との交流を億劫がる、拒む	ある	(ない)	以前からひとりで黙々と家事そのほかを行なうタイプ。		

観察される症状等	外部からの刺激に反応が鈍い、無関心	ある	(ない)			
	今までできていたことができなくなり取り繕う	ある	(ない)			
	「できない」「手伝ってほしい」と介助を求める	ある	(ない)			
	その他	朝、寝起き姿のまま、仏壇の扉や引き出しの開け閉めを繰り返していることがある（お参りの手順を思い出せないときだと思われる）。		毎朝、仏様のお参りを忘れずにやりたいと思っているが、とまどっているときがある。		2
	主治医： ○○クリニック　○○ Dr			診断書：作成年月日　H22/3/30 認知症の (有)・無（　　　　　　　　） ＊＊＊＊＊＊＊＊＊＊＊		
	特記事項					

介護者の状況	主介護者	○○　○○○		協力体制	長男家族、次女とその子どもが面会その他で積極的にかかわっている。
		続柄：長男妻　年齢：48歳			
	健康状態	良好			
	住居	同居	(別居)		
	他の要介護者	あり	(なし)		
	就労の有無	(あり)	なし	就業時間帯：7時〜19時 長男夫婦共働き	

家族の思い

母が家族のことなどを心配するあまり、食事をとらなかったり、家族の帰りを待っていたりして、ホームにご迷惑をかけて申し訳なく思っています。面会をとても喜ぶのでうれしいのですが、今までは帰り際に「私も帰る」と離れようとしなかったので、家族としては困ったし、預けた後ろめたさを感じながら逃げるように帰ったこともありました。今回お盆外出でホームへ送ったときは、ホームの方たちと玄関で手を振って見送ってくれて正直ホッとしました。これからも今までどおり、面会や外出を続けたいと思います。長年の主婦業が母の仕事のようなものなので、本人ができる家事は続けさせてください。他の入居者さんより、職員の方々と話すことが多いようだが、昔から自分より若い年代の方とのつきあいが多かったせいもあると思います。いろいろ言ってきてご苦労をおかけしていると思います。困ったことがあればすぐにご連絡ください。これからもよろしくお願い致します。

> 家族の思い・利用者の思い これについて十分に把握しておくことがポイントです。

利用者の思い

「心配事がある」①ここに泊っている間の家のことが心配。お嫁さんが足をけがしている。私が帰ってやらないと、台所仕事はつらいだろうと思う（長男妻の足のけがは半年前に治っている）。家族はご飯を食べていないかもしれないし心配になる。
②すずらん（ネコ）は元気にしているかな。前に飼っていたクロは飛び出して行って戻ってこなかったからね。③ご先祖様は家族のものが守ってくれているが、家族のことは私が毎日仏壇にお願いしていればだいじょうぶ。「あんたたちの手伝いをしたい」「足腰じょうぶでいれば家族に迷惑かけない」

医師のコメント

気分が落ち込んだときに食事量が減っても、1日・2日を通して適量を食べていれば心配はいらない。
年に数回、ひざや腰の痛みを訴えが続くときがありますが、その際には相談してほしいと思います。できるだけ身体を動かし歩くことが大切。
GHであれば力を発揮できることが多い方なので、できることはやってもらうこと。
医療よりも、日々の観察とそれに対応した適切なケアによって、これからも長く穏やかに暮らせると思います。
心配なことがあれば、いつでも連絡をください。

グループホームの計画書作成の実例｜春野 花子さんのアセスメントシート　要介護2　第2章

GH計画書への位置づけ	基本的な考え方 本人の「心配事」や不安な気持ちが、どのような対応で解消し和らぐか、日々の観察とスタッフ間の情報の共有で対応方法を工夫する。 ご家族との関係が良好で、協力体制も整っているため、ホームでのケア方法についてご家族を交えて随時相談し、GH計画を作成する。
	具体的な計画内容 　不安な気持ちに対して……携帯電話等を用いたコミュニケーションを導入する。 　ネコに会いたい気持ちに対して……面会時にネコとの時間を設ける。 　ひとりで外に出たい気持ちへの対応……ひとり外出を無理に引き留めず、不安でホームに戻りたい気持ちになった時を見計らう。 　毎朝の習慣を忘れたくない気持ちに対して……手順を忘れて困っていたらアドバイスする。できることは見守る。 　役割や仕事をしたい気持ちへの対応……ひとりでできること、できないこと、できるが好まないこと、気分が乗らないことを見極めたうえで、活躍できる場面で役割を持ってもらう。

利用者の「こんなふうに生活したい」という思いと、家族の「こんなふうに支えたい、支えてほしい」という思いを聞き取る→現状と課題を確認する→医師の意見を聞く→ＧＨとしてできること・できないことを認識したうえで→利用者の思いを実現するための計画に、何をどのように位置づけるのか考えます。

要介護 2 春野花子さんのグループホームサービス計画書

グループホームサービス計画書 ❶

> サービス計画書の様式は、グループホームによってさまざまです。
> ここでは、厚生労働省の指定様式「施設サービス計画書」をもとにした、オリジナル様式を使ってご紹介します。

グループホームサービス計画書 ❶

（ケースNO. 1　春野 花子さん）

利用者名　**春野 花子**　　殿　　生年月日　昭和 18 年　9 月　3 日

GHサービス計画作成担当者氏名及び職種　　○○　介護支援専門員・介護員

入居年月日　平成 22 年　5 月　4 日

GHサービス計画作成（変更）日　平成 23 年　8 月　26 日

認定日　平成 23 年　8 月　10 日

要介護状態区分	要支援 2 ・ 要介護1 ・ （要介護2） ・
利用者及び家族の生活に対する意向	利用者：「心配事がある」 ①ここに泊まっている間の家のことが心配。お嫁さんが足をもしれない。②ネコは元気だろうか。③ご先祖様（仏壇とお墓「あんたたちの手伝いをしたい」「足腰じょうぶでいたい」 家族：母が家族のことなどを心配するあまり、食事をとらなか面会をとても喜ぶのでうれしいが、今までは帰り際に今回お盆外出で送ったときは、ホームの方たちと玄関で長年の主婦業が母の仕事のようなものなので、本人がで
介護認定審査会の意見及びサービスの種類の指定	特になし
総合的な援助の方針	本人の「心配事」や不安な気持ちが、その時々に解消され、また、日常生活のさまざまな場面でのスタッフと共に行なう家らしている」と意識できるような声かけやサポートを行なう。

> アセスメントシートの「利用者の思い」「家族の思い」をまとめて記入します。

私は、上記事業所が平成 23 年 8
　　　　　　　　　　　　平成　　年　　月

グループホームの計画書作成の実例｜春野 花子さんのグループホームサービス計画書　要介護2　第2章

作成年月日　平成 23 年 8 月 26 日

初回・見直し　[短期目標・状態変化・退院]・認定更新・区分変更　　認定済　・　申請中

→ 何のために作成した計画かわかるようにしています。

住所

GHサービス計画作成事業所名及び所在地　　GH○○○

初回GHサービス計画作成日　　平成 22 年　5 月　4 日

短期目標の期間終了日　平成 24 年　2 月　28 日

認定の有効期間　平成 23 年　9 月　1 日　～　平成 25 年　8 月　31 日

要介護3　・　要介護4　・　要介護5

けがしている。私が帰ってやらないと、台所仕事はつらいだろう。皆はご飯を食べていないか）は家の者が守ってくれている。私は毎日、部屋の仏様に家族の健康をお願いしている。

ったり、家族の帰りを待っていたりして、ホームにご迷惑をかけて申し訳なく思っている。
「私も帰る」と離れないので、逃げるように帰っていた。
手を振って見送ってくれて正直ホッとした。これからも今までどおり、面会や外出を続けたい。
きる家事は続けさせてほしい。

気持ちが和らぐように、ご家族と共に対応方法を考えていく。
事や、ホーム内外での運動や活動への参加を促し、本人が「ここで役にたっている。健康で暮

月　26 日に作成したGHサービス計画について説明を受け、その内容に同意し、交付を受けました。
日　　利用者氏名
　　　家族氏名

→ 計画書は利用者のためのものです。計画の内容について家族だけでなく利用者への説明も可能な限り行ない、利用者の同意を得て交付します。内容についてそのまま伝える場合と、わかりやすく要約する場合、「利用者が行うこと」「困ったときにはどうするか（方法）」を書いた紙を用意して伝えるなどの方法もあります

49

グループホームサービス計画書 ❷-1

利用者名　春野 花子　　　　　殿

生活全般の解決すべき課題（ニーズ）	目標		
	長期目標	期間	長期目標
家のことが心配で、いてもたっても居られなくなることがある。	「家族が何事もなく暮らしていることがわかれば、自分もここで世話になる」	2011/9/1～2012/2/28	毎日、家族の無事を確認してからご飯を食べる。
○家族のこと（特にお嫁さんの身体が心配）が気になって、何回も電話をかける。			
○家族がごはんを食べていないかもと思うと、ごはんが喉を通らない。			
○思い立つと、ひとりで外出する（ホームの外へ出て行く。スタッフに「家のようすを見に行く。すぐ戻るよ」と言う）。			家のようすを見に行きたいときは、外出前にスタッフにひと声かける。

グループホームの計画書作成の実例｜春野 花子さんのグループホームサービス計画書　要介護2　第2章

作成年月日　平成 23 年 8 月 26 日

期間	援助内容			
	サービス内容	担当者	頻度	期間
2011/9/1～2012/2/28	・携帯電話（持ち込み私物）を利用した家族とのコミュニケーションの継続。 〇携帯電話を自分で持っていると置き忘れやしまい込みが多いため、本人と家族の希望でスタッフがリビングで預かる。 〇家族からのメールは何度も読み返すうちに、いろいろと想像し不安になる傾向がある。 ⇒事前に家族（長男夫婦、孫、ペット〈ネコ〉）からメッセージ付き動画を数種類メールに添付して送ってもらう。毎朝、スタッフと共に動画を見て、「今日も家族は元気」であることを確認する。 時々、新しいメッセージ付き動画に更新する。	ケアスタッフ 家族	毎朝	2011/9/1～2012/2/28
	・ひとりで玄関を出てGH建物の角までは行くが、そこでしばらく立ち止まっていることが多い。（偶然通りかかったように）スタッフがあいさつすると、「ああよかった」などと言いながらホームに戻る。 ※体調が優れないとき、天気が悪い日は、1日を通して繰り返されることがある。	ケアスタッフ	ひとり外出希望時	

家族と共に利用者を支える視点で、
・利用者が使い慣れた道具「携帯電話」をケアに生かしています。
・家族とケアスタッフの役割を具体的に記入することで、今後サービス内容を変更する際にも、それぞれの役割がわかりやすくなります。
　また、家族の役割も位置づけます。

グループホームサービス計画書 ❷-2

利用者名　　春野 花子　　　　殿

生活全般の解決すべき課題 （ニーズ）	目標		
	長期目標	期間	短期目標
「毎朝、仏様のお参りを忘れずにやりたい」	毎朝、仏様にお参りする。	2011/9/1〜2012/2/28	毎朝、洗面と着替えをすませた後、お茶をいれて仏様にお供えし、家族の健康をお願いする。
「ネコを思い出すと寂しくなる」「ネコをかまいたい」 （ネコの名前を呼びながら、他者の部屋などに入って、探していることがある）	ネコと過ごす時間を持つ。	2011/9/1〜2012/2/28	家族面会時、居室で家族やネコとくつろぐ。

作成年月日　平成　23　年　8　月　26　日

期間	援助内容			
	サービス内容	担当者	頻度	期間
2011/9/1～2012/2/28	・居室に置いた仏壇に、本人がお参りする。 ○寝起きの姿のまま、仏壇の扉や引き出しの開け閉めを繰り返す音がするときは、さり気なく、洗面と着替えに誘う。 ○仏壇用の湯のみを居室から持ってきてもらい、朝のお茶をみずからいれるように声をかける。 ○お供え用菓子は、日持ちのする品を家族が持参し、スタッフが保管し本人に手渡す。	ケアスタッフ 家族	毎朝 面会時	2011/9/1～2012/2/28
2011/9/1～2012/2/28	・家族が面会時に連れてきた飼いネコと共に居室でゆっくりくつろげるようにする。 家族の希望により ○家族が「ネコと過ごすときの服」を毎回持参し本人はそれに着替える。 ○家族と本人で、面会終了時に居室内を掃除する（ネコ用トイレ、ネコの毛のかたづけ）。 ・家族のみで面会の日は、撮影したネコの動画を家族持参のＰＣで楽しむ。	ケアスタッフ 家族 ネコ	面会時	2011/9/1～2012/2/28

利用者の希望をかなえると同時に、他利用者の生活環境に十分に配慮することが必要です。
ネコとの面会については、家族と面会時のルールを決めておくことも大切です。

グループホームサービス計画書 ❷-3

利用者名 春野 花子 　　　　殿

生活全般の解決すべき課題 （ニーズ）	目標		
	長期目標	期間	短期目標
「あんたたち（スタッフ）といっしょにいろいろ仕事をしたい」 （みずから手伝いを申し出る。グループで行なう家事は、他者に気を遣うため疲れやすく、途中で混乱する傾向がある）	生活の中で役割を持つ。	2011/9/1 ～ 2012/2/28	自分ができる家事の手伝いを行なう。
「入院はしたくない。足腰じょうぶで、家族に迷惑をかけずに、まあまあで死ねたらよい」	健康に気をつけて、寿命をまっとうする。	2011/9/1 ～ 2012/2/28	健康でいるために、三度の食事と運動を欠かさない。

> 家事には、他利用者とグループで行なうもの、ひとりで行なうものがあり、その人に合った適切な役割を探します。

作成年月日　平成 23 年 8 月 26 日

期間	援助内容 サービス内容	担当者	頻度	期間
2011/9/1 ～ 2012/2/28	・【朝】 ○朝刊一部を、ほかのユニットに届けに行く。 ○朝刊やカレンダーを見ながら、今日の日付と朝食メニューを黒板に板書する。 ○人数分のお茶をいれる 【日中】 ○掃除、洗濯物（干す・取り込む・畳む）、調理（米研ぎ・食材のカット・味見）。 【夜間】 ○「家計簿」を整理するスタッフの手伝い（店ごとにレシートをまとめる、明日購入する品のメモを作成する）。	ケアスタッフ 本人	[朝] [日中] [夜間]	2011/9/1 ～ 2012/2/28
2011/9/1 ～ 2012/2/28	・食事量チェックの際に、摂取量を本人に申告してもらう。 ・便通（回数と量と形状　など）を気にしているので、排便後に申告してもらう。 　気になるときはトイレからスタッフを呼びに来るので、いっしょに確認する。 ・散歩、買い物、外出行事へ誘い、歩く機会を多く設ける。 ・外出しない日は、ホーム内の廊下や階段で運動や体操をする。	ケアスタッフ 本人	毎日	2011/9/1 ～ 2012/2/28

※欄外注釈：
- 「板書」に関して：文字を「読む・書く」機会を日常的につくります。アセスメントで「できること・できないこと・やってみたいこと」を確認し、それに応じた具体的な家事の内容を記入します。
- 「家計簿」に関して：計算ができる（電卓とそろばんが使える）、スタッフと過ごすことを好む、職歴や主婦業の経験を生かした役割です。
- 「運動や体操」に関して：家事活動以外にも、屋内での運動（「足腰を弱らせたくない」という目的）を意識づけています。

要介護2 春野花子さんの日課計画表

日 課 計 画 表

利用者名　春野 花子　　　　殿

		共通サービス	担当者
深夜	4:00		
早朝	6:00		
	8:00	朝食・食事量チェック・口腔ケア	夜勤ケアスタッフ
午前		バイタルチェック・掃除	ケアスタッフ
	10:00	ティータイム・入浴	日勤ケアスタッフ
	12:00	昼食・食事量チェック・口腔ケア	日勤ケアスタッフ
午後	14:00		
	16:00	ティータイム	日勤ケアスタッフ
	18:00	夕食	夜勤ケアスタッフ
夜間	20:00	ティータイム・口腔ケア	夜勤ケアスタッフ
	22:00		
	0:00	巡回	夜勤ケアスタッフ
深夜	2:00	巡回	夜勤ケアスタッフ
	4:00		
随時実施するサービス		家族の面会	
その他のサービス			

作成年月日　平成　23 年　8 月　26 日

個別サービス	担当者	主な日常生活上の活動
仏様にお参りする		起床
お茶をいれる。黒板に日付と朝食メニューを板書		朝刊配達
食事量の自己申告	夜勤ケアスタッフ	朝食
排便の自己申告		
	日勤ケアスタッフ	
散歩・買い物・館内での運動等　　家事手伝い		
食事量の自己申告	日勤ケアスタッフ	昼食
散歩・買い物・館内での運動等　　家事手伝い		
	日勤ケアスタッフ	
食事量の自己申告	日勤ケアスタッフ	夕食
「家計簿」整理等の手伝い		
リビングで他利用者やスタッフとＴＶ鑑賞やだんらん		着替え
		就寝
	夜勤ケアスタッフ	

要介護2 春野花子さんのモニタリング表

GHサービス計画の作成後は、モニタリングを行ないます。モニタリング様式はグループホームによってさまざまです。ここでは、短期目標ごとに「満足度」「達成度と評価」「今後の対応」について記入する、オリジナル様式を使ってご紹介します。

計画書の短期目標とその期間を転記します。
満足度は、利用者と家族に分けて確認します。短期目標・サービス内容（本人が行うことも含め）をいっしょに振り返りながら、やってみてどうだったか・今後も続けられるか・新たなアイディア（提案やステップアップの意欲など）・ペースダウンの意向はあるかなどを聞きます。

モニタリング表

| 利用者名 | 春野 花子 殿 | GHサービス計画作成日 | 平成23年8月26日 |

短期目標の内容 短期目標の期間	満足度 1.満足 2.ほぼ満足 3.一部満足 4.不満
毎日、家族の無事を確認してからごはんを食べる。 2011/9/1 ～ 2012/2/28	本人 ① 2 3 4　　家族 ① 2 3 4 （本人）家族みんなが「おはよう」と、電話で手を振ってくれるので、それならここに居てもだいじょうぶだと安心した。先生にも言われているから、ご飯は食べますよ。 （家族）この試み後、本人からの電話が少なくなった。メッセージを見た後は落ち着いて食事もとれると知りホッとした。
家のようすを見に行きたいときは、外出前にスタッフにひと声かける。 2011/9/1 ～ 2012/2/28	本人 1 2 ③ 4　　家族 ① 2 3 4 （本人）家のようすを見に行くだけだし、すぐ帰ってくるのになぜ声をかけるの？ （家族）ひとりで遠くまでは行かないようだが、人に心配をかけないために、必ず声をかけるようにと、母に話している。
毎朝、洗面と着替えをすませた後、お茶をいれて仏様にお供えし、家族の健康をお願いする。 2011/9/1 ～ 2012/2/28	本人 1 ② 3 4　　家族 ① 2 3 4 （本人）ちょっとやらないと、すぐに忘れてしまうから困る。お参りは大事なことだから、よろしくお願いします。
家族面会時、居室で家族やネコとくつろぐ。 2011/9/1 ～ 2012/2/28	本人 ① 2 3 4　　家族 ① 2 3 4 （本人）ネコを連れてきてくれて楽しかった。散歩中によそのネコを見ると、すずらんを思い出して寂しくなる。ネコはよいわ、気まぐれで、見ていて飽きない。私がいちばんかわいがっているから、また連れて来てほしい。
自分ができる家事の手伝いを行なう。 2011/9/1 ～ 2012/2/28	本人 ① 2 3 4　　家族 ① 2 3 4 （本人）ここには長く泊まっているし、かってがわかっているから、いろいろ手伝える。主婦の仕事は終わりがないからね。仕事（会社員）を辞めると頭が錆びる。経理はもうできない。
健康でいるために、三度の食事と運動を欠かさない。 2011/9/1 ～ 2012/2/28	本人 1 ② 3 4　　家族 ① 2 3 4 （本人）食欲が出ないときもある。無理して食べたくない。家族に迷惑をかけたくないし、病院は好きじゃないから、足腰じょうぶでそこそこ元気でいたい。

グループホームの計画書作成の実例｜春野 花子さんのモニタリング表　要介護2　第2章

| モニタリング実施日 | 平成 23 年 10 月 25 日 | モニタリング実施担当者 | ケアマネ〇〇 |

短期目標の達成度と評価 1. 達成　2. ほぼ達成　3. 一部達成　4. 達成しない	今 後 の 対 応
①　2　3　4 毎朝、家族からのメッセージ付き動画をスタッフと見るようになってから、食事前のソワソワや食事中に立ち上がって居室に戻ることが減った。また、動画を見ながら家族をスタッフに紹介するなど、楽しみが増えたようすが見られる。家族の協力と支えがあることが大きい。	継続する。
1　2　③　4 まだ、声をかけることなく、黙って外出することの方が多いが、玄関で会ったスタッフに「今から行ってくるから」とあいさつしたり、靴に履き替えたあと再びリビングに戻り、「まだ買い物行かないの？」とスタッフを誘うことがある。外出時「気をつけて」「寂しくなるから早く帰ってきて」などの声をかけられると、うれしそうな表情を見せる。	継続する。 帰りたいそぶりが見られた際には、スタッフ側から「〇〇が終わったら、買い物に行きます。Kさんもいっしょにどうですか」など、外出予定があることを伝える。
①　2　3　4 次に何をするのか、手順が思い出せず困っているときは、思い出すきっかけの言葉を伝えたり、「いっしょにやりましょうか」と誘ったりすることで、安心する。長年の習慣を続けたいという思いをサポートする。	継続する。
①　2　3　4 居室から聞こえてくる笑い声や、面会後の本人の表情の柔らかさ、程よい疲労感から、本人が「家族の一員」というネコの存在が大きいことがわかる。他利用者で動物が苦手な方への配慮と同時に、環境衛生面では引き続き家族の協力が欠かせない。	継続する。
①　2　3　4 協同作業より、ひとりでできる家事等をお願いする。家計簿整理の手伝いはやや難しいようだが、電卓計算が合うと、スタッフとハイタッチをするなど、気は張るが達成感を得られる作業となっている。難易度を考慮しながらようすを見る。	継続する。
1　②　3　4 自身の経験からか？ 三食食べなくても健康でいられると話す。足腰じょうぶでいたいと日ごろから口にしており、屋内外の運動はみずから積極的に行なう。ただし、車イス利用の方に対して、運動を手助けしようとすることが見られるため、スタッフが間に入り、話を聞く。	継続する。 車イス利用の方に対して運動を勧めている場合は、ようすを見ながら必要に応じて間に入る。

グループホーム□□□□□

目標が「達成」されても、しばらくその目標を掲げていくことで、それぞれの役割が定着し日課になる場合や満足度を高めることにつながります。

59

| 要介護 3 | 中森 聖子さんのグループホームサービス計画書 |

グループホームサービス計画書 ❶

（ケースNO．2　中森 聖子さん）

利用者名　**中森 聖子**　　殿　　　生年月日　昭和 7 年　6 月　5 日

GHサービス計画作成担当者氏名及び職種　　　○○　介護支援専門員・介護員

入居年月日　平成 22 年　12 月　1 日

GHサービス計画作成（変更）日　平成 23 年　6 月　20 日

認定日　平成 23 年　6 月　6 日

要介護状態区分	要支援 2　・　要介護1　・　要介護2　・
利用者及び家族の生活に対する意向	利用者：「食事のしたくは女手がいるでしょ。私もたまにはで（家事を行なうことについて）「頼まれたことをやって家族（長女）：「入居から半年以上たったが、妹と交代で自宅介イルに戻り、体調もよくなった。仕事の関係でのよいアドバイスがあればそのつど教えてくだ（三女）：「家で介護していたときは、母の行動が気になり、自聞きホッとしている。トイレの失敗が増えてきているも面会時に補充しておきます。何かほかにあったら教所に立っていると聞き、自宅に帰ったら横で手伝いな
介護認定審査会の意見及びサービスの種類の指定	特になし
総合的な援助の方針	入居から半年が過ぎ、「すぐに忘れてしまう」「うまくできなりレクリエーション等を楽しんだりするが以前より増えてきてタイム前の促しと介助（トイレ・手指洗浄）を行ない、気持ちることで、生活にめりはりが生まれるように声かけや提供での情報伝達にも配慮する。

私は、上記事業所が平成 23　年 6

平成　　　年　　　月

（左側注記）

家族

カンファレンス（GHサービス計画書作成に当たっての担当者による会議）に家族が複数出席の場合や、事前に意向を聞き取っている場合などは、各々の意向（できるだけそのままの言葉で）を記載します。計画書は利用者のためのものであると同時に、離れて暮らす家族の気持ちを支え、家族の変化（気持ち・環境　など）を映す役割も持っています。

グループホームの計画書作成の実例｜中森 聖子さんのグループホームサービス計画書　要介護3　第2章

作成年月日　平成　23　年　6　月　20　日

初回・見直し　[(短期目標)・状態変化・退院]・認定更新・区分変更　　(認定済)・申請中

住所

GHサービス計画作成事業所名及び所在地　　GH○○○

初回GHサービス計画作成日　　平成　22　年　12　月　1　日

短期目標の期間終了日　平成　23　年　12　月　31　日

認定の有効期間　平成23年　7　月　1　日　～　平成25年　6　月　30　日

(要介護3)　・　要介護4　・　要介護5

きるから」「ここは皆さん親切だし、別にない。私、それなりに生きてますよ」
いればよいし、それくらい何でもないわよ」と答える。
護をしていたときよりも、母の表情が和らいでいる。自分も母中心の生活から以前の生活スタ
面会は不定期だが、今、家族としてできること、母娘で楽しめることをしたい。職員の方から
さい」
分もどうしていいかわからずとても疲れた。ここでは他人に迷惑をかけたりトラブルもないと
のはしかたがないと思っています。先日お話のあった必要な品物を、今日持参しました。今後
えてください」「お盆は外出か外泊を考えています。母は覚えていないようですが、ここでは台
がらいっしょに母と料理を作ってみようかなと計画してます」

い」と口にしながらも、近くにスタッフがいて声をかけられる状況の下では、家事に集中した
いる。排せつや後始末がうまくできなくなってきているため、トイレの際や食事の前やティー
良く清潔に過ごせるように。また、暮らしの中で役割を持ったり、楽しい時間を過ごしたりす
るものを工夫しながら支援する。ご家族と過ごす時間が楽しめるように、体調管理やご家族へ

月　20　日に作成したGHサービス計画について説明を受け、その内容に同意し、交付を受けました。
日　　利用者氏名
　　　家族氏名

グループホームサービス計画書 ❷-1

利用者名　中森 聖子　　　　　　殿

生活全般の解決すべき課題（ニーズ）	目標		
	長期目標	期間	短期目標
言われたことをすぐに忘れてしまうので不安。「次にどうしたらよいか」「このままやっていてよいか」聞いたら何度も教えてほしい。	「だいじょうぶ」だとわかれば安心できる。	2011/7/1～12/31	聞いたときに説明があれば安心できる。
ここは大所帯だし女手は必要。私も役にたつならできるときは家事を手伝うので、何をやればよいか言ってほしい。	家事を手伝って皆さんの役にたてる。	2011/7/1～12/31	食事のしたくや洗濯物・掃除などを手伝い、役割を持った生活が送れる。

利用者のニーズをそのままの言葉で書いています。「次にどうしたらよいか」など、物事の手順が思い出せなくなり、とまどいと不安があることがわかります。

左側に「グループホームサービス計画書 ❷-1」のタブ表示

作成年月日 平成 23 年 6 月 20 日

期間	援助内容			
	サービス内容	担当者	頻度	期間
2011/ 7/1 ～ 12/31	・聞かれたときはそのつど手順をわかりやすく説明し、次の行動を行ないやすいようにする。手本を見せ、初めはいっしょに行なうと比較的スムーズにいく。 ・不安そうな表情で立ち止まっているときは、「どうしましたか？」と声をかける。 ・不安な表情が続くときは「だいじょうぶですよ」「いつでも聞いてくださいね」「少し休みましょうか」等の声かけをする。	ケアスタッフ	適宜	2011/7/1 ～12/31
2011/ 7/1 ～ 12/31	・食事の準備：食卓をふく、食材のカッティング、盛り付け、おはしのセッティング、お茶いれ。 ・食事の後かたづけ：運ぶ、洗う、ふく、食器を重ねる、食器棚にしまう ・洗濯物：干す、取り込む、畳む、重ねる。 ・掃除：ぞうきんがけ、ぞうきん洗い、ほうきで掃く、フローリングモップ掛け、庭の草取り。 そのときの体調や気分を見ながら、これらのお手伝いへの参加を誘う。ねぎらいの言葉をかける。	本人 ケアスタッフ	適宜	2011/7/1 ～12/31

長期・短期目標を達成するために、不安なときにスタッフにすぐに声をかけられる体制や、不安な気持ちを長引かせないための声かけを行なうように工夫します。

手伝いたい・皆の役にたちたいという思いはあるが、家事の手順がわからない場合は、家事作業の流れを区切り、作業ごとに完結するようにしてお願いします。また、気分が乗らないときは別の作業に切り替える、あるいは休憩を勧める（上段のサービス内容参照）等、臨機応変に対応します。

「ありがとうございます」「おかげで助かりました」「きれいになりましたね」「○○さんがやってくださると、形がそろっていてあとが楽です」などのねぎらいや具体的な評価の言葉をかけることが大切です。

グループホームサービス計画書 ❷-2

利用者名　中森 聖子　　　　　殿

生活全般の解決すべき課題（ニーズ）	目標		
	長期目標	期間	短期目標
尿パッドや下着が汚れていても自分では気づけない。使用したペーパーを手に持ったり便器の水をかき混ぜたりすることがあり、手指などの清潔が保てない。	時々声をかけてもらえば気持ち良く過ごすことができる。	2011/7/1～12/31	時々声をかけてもらえば気持ち良く過ごすことができる。
楽しく暮らしたい。 家族に会いたい。 母のためにできることをしたい（家族）。	暮らしの中に楽しみを見つけられるようにする。	2011/7/1～12/31	散歩やレクリエーションに参加して楽しむ。 家族との時間を大切に過ごす。

自分では気づくことや対処が難しくなっていることは、スタッフの観察と自尊心に配慮した声かけや誘導が必要です（他者に気づかれないような場所へ移動し声をかける・利用者が汚れや着替えの必要性を認識していない場合は、間をおいて再度声をかけるなど工夫する）。

家族のニーズも記入します。

64

グループホームの計画書作成の実例｜中森 聖子さんのグループホームサービス計画書　要介護3　第2章

作成年月日　平成　23年　6月　20日

期間	援助内容				期間
	サービス内容	担当者	頻度		
2011/ 7/1〜 12/31	・日中一度は尿パッド・下着確認・夜間はトイレに起きた際や起床時に確認し交換する。 ・トイレの際や就寝準備時、入浴時にポケット等を確認し、汚れているペーパーは捨てる。 ・トイレ後や食事前、ティータイム前に手指の確認、石けんでの手洗いを促し清潔を保つ。	ケアスタッフ 夜勤スタッフ	トイレ時 入浴時 食事前 その他適宜		2011/7/1 〜12/31
2011/ 7/1〜 12/31	・TVの歌謡ショー、懐メロや歌番組のDVD鑑賞をいっしょに見る。 ・じっくりゆっくり集中できる、パズルや折り紙、書道への参加を勧める。 ・グループで実施するカルタ取りや合唱へ誘う。 ・買い物、散歩、庭の散策に誘う。 ・家族との外出を楽しむ。 　（散歩・買い物・ドライブ） ・自宅で本人が活躍できることを探す。 ・家族とゆっくり居室で過ごす。 ＊外出準備（体調管理、整容、薬の準備）帰宅後のようす観察。家族からの聞き取りなど。	ケアスタッフ 家族 ケアスタッフ	適宜 適宜 外出前後		2011/7/1 〜12/31

スタッフは、「家族と過ごす時間」が利用者と家族の楽しみとなり、今後も継続できるように、外出準備とGH帰宅後の対応を行なうことが大切です。帰宅後のようすや家族からの情報は日々の記録に残しておくと、その記録が利用者との会話につながります。

65

要介護3 中森 聖子さんの日課計画表

日 課 計 画 表

利用者名　中森 聖子　　　殿

		共通サービス	担当者
深夜	4:00		
早朝	6:00		
午前	8:00	朝食・食事量チェック・口腔ケア	夜勤ケアスタッフ
		バイタルチェック・掃除	ケアスタッフ
	10:00	ティータイム・入浴	日勤ケアスタッフ
午後	12:00	昼食・食事量チェック・口腔ケア	日勤ケアスタッフ
	14:00		
	16:00	ティータイム	日勤ケアスタッフ
夜間	18:00	夕食	夜勤ケアスタッフ
	20:00	ティータイム・口腔ケア	夜勤ケアスタッフ
	22:00		
深夜	0:00	巡回	夜勤ケアスタッフ
	2:00	巡回	夜勤ケアスタッフ
	4:00		
随時実施するサービス			

その他のサービス	

作成年月日　平成　23 年　6 月　20 日

個別サービス	担当者	主な日常生活上の活動
尿パッド確認・交換		起床
	夜勤ケアスタッフ	朝食・服薬
食器ふき・掃除等		
手指の確認、手洗い	日勤ケアスタッフ	
散歩・アクティビティ・レク等		
手指の確認、手洗い	日勤ケアスタッフ	昼食・服薬
食器ふき・掃除・洗濯物畳み		
散歩・アクティビティ・レク等		
手指の確認、手洗い	日勤ケアスタッフ	
アクティビティ・レク等		
手指の確認、手洗い	夜勤ケアスタッフ	夕食・服薬
歌謡ショー・ＤＶＤ鑑賞		
尿パッド確認・交換		着替え・眠前薬服薬
		就寝
	夜勤ケアスタッフ	

要介護3 前田 優子さんのグループホームサービス計画書

グループホームサービス計画書 ❶

グループホームサービス計画書 ❶

(ケースNO.3 前田 優子さん)

利用者名　前田 優子　殿　　　生年月日　大正 2 年　1 月　4 日

GHサービス計画作成担当者氏名及び職種　　○○　介護支援専門員・介護員

入居年月日　平成 22 年　8 月　1 日

GHサービス計画作成(変更)日　平成 23 年　7 月　27 日

認定日　平成 23 年　1 月　20 日

要介護状態区分	要支援 2 ・ 要介護1 ・ 要介護2 ・
利用者及び家族の生活に対する意向	利用者：「ここの生活で困っていることは特にありません。栄 お金もないから、お金を持って迎えに来てほしいと 家族(長男)：「この時期は仕事が忙しく、なかなか会いに来ら 認知症は進行しているものの、予想以上に元気 れるのに、食事や水分のことで迷惑をかけてい がんばってもらいたいと思います」
介護認定審査会の意見及びサービスの種類の指定	特になし
総合的な援助の方針	昨年に比べ食事摂取量及び体重が減少しているが、通常の食事 う希望がかなうようにサポートする。また、調子のよいときは、

私は、上記事業所が平成 23 年 7
平成　　年　　月

作成年月日　平成 23 年 7 月 27 日

初回・見直し・[（短期目標）・状態変化・退院]・認定更新・区分変更　　認定済・申請中

住所

GHサービス計画作成事業所名及び所在地　　GH○○○

初回 GH サービス計画作成日　　平成 16 年 8 月 1 日

短期目標の期間終了日　　平成 23 年 9 月 30 日、平成 24 年 1 月 31 日

認定の有効期間　平成 23 年 2 月 1 日 ～ 平成 25 年 1 月 31 日

要介護3　・　要介護4　・　要介護5

養のあるものを食べて、長生きしたいと思っています。ただ、息子が迎えに来てくれるのか心配。電話で伝えてほしい」

れないことを本人には話しているが、やっぱり忘れてしまうんですね。入居して7年たったが、に暮らしているのでうれしいです」「スタッフの皆さんや先生が、母の身体のことを気遣ってくるのが心苦しいです。でも、母が長生きを望んでいるので、歳だからしょうがないと思わずに、

やティータイムの内容を工夫し、高カロリー食等で補いながら、本人の「長生きしたい」とい本人が好む家事を行なう場面で、活躍できるように支援する。

月　27　日に作成した GH サービス計画について説明を受け、その内容に同意し、交付を受けました。
日　　利用者氏名
　　　家族氏名

> この計画書は、短期目標の期間が到来するため、見直し作成したものです。
> 計画作成の前に家族（長男）とスタッフ（計画作成担当者、介護職員）でホーム内カンファレンスを実施します（利用者が同席できない場合は、事前あるいは事後に、理解しやすい方法で説明あるいは話題にし、利用者の意向（思いや希望）等についても確認します）。最初にアセスメントの結果（あるいは前回の計画の短期目標期間開始からこれまでの経過や最近のようす）・モニタリングの結果（家族がケアの担当者になっている部分については、カンファレンスにおいてモニタンリグを行なう）等を説明します。そのうえで、次の計画について話し合います。その後、ユニットの計画作成担当者と介護職員等で新たな計画を作成します。

グループホームサービス計画書 ❷-1

利用者名 前田 優子　　　殿

生活全般の解決すべき課題（ニーズ）	目標		
	長期目標	期間	短期目標
栄養を十分にとって、長生きしたい。 （食事摂取量の低下・体重減少が見られる）	栄養を十分にとって、元気に100歳の誕生日を迎える。	2011/8/1〜2012/1/31	100歳までの2年間、誕生日に記念撮影し、家族に見せたい。
最近、昔けがをした左ひざが痛む。 痛いときは、部屋からトイレまでシルバーカーで行くことができない。	ひざが痛いときは車イスを使ってトイレに行く。	2011/8/1〜9/30	・痛みを和らげる。 ・シルバーカーを使うときにも無理をしない。 ・車イスの使い方に慣れる。

> ほかのニーズとは「期間」の設定が異なります。ひざの痛みが出現したため、通常使用しているシルバーカーのほかに、車イスを使うことになり計画内容を変更しています。
> 痛みの緩和とＡＤＬについては早く改善できるように、また、移乗その他による痛みの増強や転倒について、十分に注意します。

グループホームサービス計画書 ❷-1

作成年月日　平成　23 年　7 月　27 日

期間	援助内容			
	サービス内容	担当者	頻度	期間
2011/8/1～2012/1/31	・食事形態形状を見直しする。 ○米飯（普通炊きは硬くて食べにくい）⇒柔らかめにする：炊飯後、本人用飯椀（小人用）に取り分け、小鍋で固めのおかゆにする）。 ○おかず（粗キザミ⇒極キザミへ変更） ・1日2回（朝食時・夕食時）、高カロリー食（Ｄｒ処方）を提供する。 ・ティータイム（10時・15時・20時いずれか）に、好物のバナナやパンを勧める。 ・食事以外に1日1000ccの本人の好む飲物を勧める（Ｄｒ指示）。 ・摂取量（個別チェック表作成）のチェックと体重測定実施しかかりつけ医へ報告。	ケアスタッフ かかりつけ医	毎食時 ティータイム時 適宜	2011/8/1～2012/1/31
2011/8/1～9/30	・1日1回（寝る前）、左ひざに湿布をはる介助を行なう。 ・シルバーカーを使うときは、見守りを行なう。 ・ソファやベッドから車イスに移る際、ブレーキが掛かっているか確認して介助する。 ・自分で車イスを操作できるように練習する。	ケアスタッフ	就寝前 適宜	2011/8/1～9/30

・女性用の飯椀は手に持ちにくいため、さらに小さめの椀を用意します（汁椀も同様に）。
・米飯の場合は硬めのおかゆに再調理し、ちらし寿司などの酢飯・麺類については、利用者に確認してから形態形状を決めます。
・食事ごとの摂取量の記録を確認し、ティータイムでの補食で調節します。
・若いころから水分をあまり飲まない方です。容量の小さいカップや湯飲みを用意し、1回の量を少なくすることで、なんとか飲み終えるように工夫します。
・日ごろの食事量や体重の変化の有無をかかりつけ医に定期的に報告します。「Ｄｒ指示」がある場合は、個別対応とその記録を行ないます。

グループホームサービス計画書 ❷-2

利用者名　前田 優子　　　　殿

生活全般の解決すべき課題 （ニーズ）	目標		
	長期目標	期間	短期目標
息子が迎えに来てくれるか心配。	息子が元気で暮らしていることを知りたい。	2011/8/1～2012/1/31	息子が元気でいるか知りたい。 息子の顔が見たい。
たまには疲れない程度に、家事の手伝いをしたい。	座ってできる家事を手伝う。	2011/8/1～2012/1/31	食器ふき、洗濯物畳みを手伝う。

作成年月日　平成　23　年　7　月　27　日

期間	援助内容			
	サービス内容	担当者	頻度	期間
2011/ 8/1～ 2012/ 1/31	・寝る前や夜目覚めたときに「心配」になり落ち着かない⇒本人の話をゆっくり聴き、息子さんの近況を伝える。 ・息子さんの面会時は、親子でゆっくり話せるように配慮する。	ケアスタッフ 家族	不安になったとき 面会時	2011/8/1 ～ 2012/1/31
2011/ 8/1～ 2012/ 1/31	・リビングのイスに座っているときなどに、スタッフが食器をふき始めると「私もやろうか」と言われることがある。その際には手伝いをお願いする。 ・乾いた洗濯物を見ると、しぜんに畳み始める。手早く畳めるため、リズムに乗っているときは、お任せしながら、疲れていないか時々見守る。 ・他入居者が畳み方がわからないと、手伝うことがあるのでそっと見守る。 ・ねぎらいの言葉をかける。	ケアスタッフ	適宜	2011/8/1 ～ 2012/1/31

黙々と家事を手伝ってくれますが、疲れても手を休めずに、目の前の仕事が終わるまで続けてしまう傾向があります。スタッフは時間を見計らって「こんなにたくさんありがとうございます。助かりました。後は私が引き受けますからひと休みしてください」などと、ねぎらいの言葉と「後は心配いらない」ことがわかるような声かけをします。

要介護 3

前田 優子さんの日課計画表

日 課 計 画 表

利用者名　前田 優子　　　殿

		共通サービス	担当者
深夜	4：00		
早朝	6：00		
	8：00	朝食・食事量チェック・口腔ケア	夜勤ケアスタッフ
午前		バイタルチェック・掃除	ケアスタッフ
	10：00	ティータイム・入浴	日勤ケアスタッフ
	12：00	昼食・食事量チェック・口腔ケア	日勤ケアスタッフ
午後	14：00		
	16：00	ティータイム	日勤ケアスタッフ
	18：00	夕食	夜勤ケアスタッフ
夜間	20：00	ティータイム・口腔ケア	夜勤ケアスタッフ
	22：00		
	0：00	巡回	夜勤ケアスタッフ
深夜	2：00	巡回	夜勤ケアスタッフ
	4：00		
随時実施するサービス			
その他のサービス			

作成年月日　平成 23 年 7 月 27 日

個別サービス	担当者	主な日常生活上の活動
柔らかい米飯・極キザミ準備		起床
高カロリー食準備	夜勤ケアスタッフ	朝食・服薬
食器ふき		
	日勤ケアスタッフ	
散歩・アクティビティ・レク等		
柔らかい米飯・極キザミ準備	日勤ケアスタッフ	昼食・服薬
食器ふき・洗濯物畳み		
散歩・アクティビティ・レク等		
	日勤ケアスタッフ	
アクティビティ・レク等		
柔らかい米飯・極キザミ準備		
高カロリー食準備	夜勤ケアスタッフ	夕食・服薬
歌謡ショー・ＤＶＤ鑑賞		
		着替え・眠前薬服薬
		就寝
	夜勤ケアスタッフ	

| 要介護 5 | # 早見 ちえみさんのグループホームサービス計画書 |

グループホームサービス計画書 ❶

(ケースNO.4　早見 ちえみさん)

利用者名　**早見 ちえみ**　殿　　　　生年月日　大正 14 年　2 月　7 日

GHサービス計画作成担当者氏名及び職種　　　○○　介護支援専門員・介護員

入居年月日　平成 21 年　4 月　3 日

GHサービス計画作成(変更)日　平成 23 年　9 月　25 日

認定日　平成 23 年　9 月　20 日

要介護状態区分	要支援 2 ・ 要介護1 ・ 要介護2 ・
利用者及び家族の生活に対する意向	利用者：好きな物をたくさん食べたい。娘が会いに来てくれるできるなら毎日お風呂に入ってきれいにしたい。洋服が 家族：歩けなくなったことはとても残念だが、車イスにも慣れ、しっかりしていた母が、この病気になってから大きな声母娘で温泉旅行に出かけたり、おいしいお店を探してはこれからは時間をつくって、母の好物や珍しいものを持っ外出行事があるときはなるべくつごうをつけて、母といっ
介護認定審査会の意見及びサービスの種類の指定	特になし
総合的な援助の方針	車イスになり、自由に動けないことにイライラされたり、ひとまるまでそばに寄り添うなど、その時々の状況に応じてケアをまた、今まで楽しみにしてきたことを、これからも続けたいと体調を整え、ご家族との時間をゆっくり楽しめるように配慮すまた、日常生活の中で季節を感じられるように工夫し、食事、にして出かけられてよかった。またどこかへ行きたい」といっ

私は、上記事業所が平成 23 年 9

平成　　　年　　　月

グループホームの計画書作成の実例｜早見 ちえみさんのグループホームサービス計画書　要介護5　第2章

作成年月日　平成 23 年 9 月 25 日

初回・見直し　[短期目標・状態変化・退院]・認定更新・区分変更　　認定済 ・ 申請中

> 要介護認定の更新及び状態の変化（車イスの生活になり自由に行動できないことにイライラや不安を感じている）もあるためいずれも選択しています。この計画書の前に、「歩行困難になった」時期に "状態変化" の計画書（短期目標の期間：9/20 ～ 9/30）を作成しています。

住所

GH サービス計画作成事業所名及び所在地　　GH ○○○

初回 GH サービス計画作成日　　平成 21 年 4 月 3 日

短期目標の期間終了日　　平成 24 年 3 月 31 日

認定の有効期間　平成 23 年 10 月 1 日　～　平成 24 年 9 月 30 日

要介護3　・　要介護4　・　要介護5

のを待っている。ひとりになると寂しいし眠れない。
たくさんあるから持ってきたい。

自分でも車イスを運転していると知り、行動範囲が広がるだろうと思うとうれしいです。
を出すようになり情けないですが、職員の皆さんが24時間見守ってくれていて安心しています。
食べに行くのが楽しみだった。私も夫の法事が終わり、気持ちも落ち着いてきたので、
て面会に来ます。
しょに参加したいと思います。

りの時間を不安に感じたりしているようすが見られるようになったため、声かけや気持ちが収
行なう。
考えており、中でも、ご家族とのだんらんを心待ちにされていることから、その予定に向けて
る。
入浴、外出、おしゃれなどを通して、「おいしい。もっと食べたい」「ゆっくりできた」「きれい
た言葉が聞かれるように支援していく。

月　25 日に作成した GH サービス計画について説明を受け、その内容に同意し、交付を受けました。
日　　利用者氏名
　　　家族氏名

77

グループホームサービス計画書 ❷-1

利用者名　早見 ちえみ　　　　殿

生活全般の解決すべき課題 （ニーズ）	目標		
	長期目標	期間	短期目標
ひとりになると寂しい。 夜は暗くて寂しい。 （大きな声でスタッフを呼ぶことがある。 そばに行くと「何でもない。寂しいから呼んでみた」とこたえる）	だれかが居れば安心できる。	2011/10/1〜 2012/3/31	ここにいる人が声をかけてくれ、ひとりではないことがわかれば安心できる。
おいしいものを食べたい。 （体重が増加傾向である）	おいしいものを食べる。 （お誕生日膳、家族の差し入れ　など）	2011/10/1〜 2012/3/31	毎月のごちそうを楽しむ。 （お誕生日膳） 外食を楽しむ。 娘といっしょにおいしいものを食べる。

作成年月日　平成　23　年　9　月　25　日

期間	援助内容			
	サービス内容	担当者	頻度	期間
2011/10/1〜2012/3/31	・リビングでひとりになるとスタッフを呼ぶため、できる限り「今から○○さんを見てくるので、すぐに戻ってくるからだいじょうぶですよ」などと本人の目の前で声かけし、本人がうなずくのを確認する。 ・大きな声で呼ばれたら、一旦返事をし、だれかがフロアにいることを伝える。そのうえで、できるだけ速やかに本人のそばに行く。 ・車イスでいっしょに行動できる状況であれば、本人の意向を確認して気分転換を兼ねて移動する。 ・本人が希望した場合は、夜間は眠くなるまで、スタッフが待機するリビングソファなどで過ごしてもらう。 ・「居室の扉は開けておいて」と希望あったら、リビングの音と光が少し入る程度に開けておく。「明るいと眠れない」と言う日もあるのでそのつど対応する。	ケアスタッフ	随時 夜間	2011/10/1〜2012/3/31
2011/10/1〜2012/3/31	・お重箱の行事食を楽しみにしている。調子のよいときは、味見や盛り付けの指示を頼み、調理時間中も完成を楽しみできるように活躍の場を設定する。 ・外食行事のときは、摂取量の調整（米飯は少なめに）を行なう。 ・差し入れ食品に制限を設けず、面会と会食を楽しんでもらう。家族から食べた物と量を聞き、記録しておく。	ケアスタッフ 家族	食事時 外食事 面会時	2011/10/1〜2012/3/31

ケアの内容によっては、いつも同じ方法ではうまくいかない場合があります。例えば、夜間居室のベッドで休むときに「暗くて寂しい」と思っているのか、寂しい気持ちよりも「早く休みたい」と思っているのかによって、スタッフへの要望が異なります。利用者のその時々の心身の状態に合ったケアを提供するためには、少なくとも勤務に入る前に「ケア記録を読む」「申し送りを受ける」「観察する」ことが必要です。

以前は調理の手伝いも食べることも好きだったことから、食事を待つ楽しみに加えて、車イスに座っていてもできるお手伝いの依頼を、計画に盛り込んでいます。

体重コントロール（ニーズ）の必要がありますが、おいしいものを食べたいという願いを実現するために、他利用者の食事と比べて量が少なめであることがわからないように、食器の大きさ・形・盛り付け方によって全体量を少し減らしています。家族の差し入れや家族との外食においては、今のところ制限や減量はお願いしていません。家族との時間は、今までどおり自由に過ごしてもらっています。しかし、家族はカンファレンスで体重増加のことを聞いているため、面会時に「母が不満に思わない程度に工夫します」と言われました。ホームと家族が各々工夫し、その結果を双方で報告するというケアとなっています。

グループホームサービス計画書 ❷ -2

利用者名　早見 ちえみ　　　　殿

生活全般の解決すべき課題（ニーズ）	目標		
	長期目標	期間	短期目標
排せつした感覚が薄れてきているが、日中はできるだけ、「トイレですっきりしたい」（紙パンツ・尿パッド併用）	トイレですっきりする。	2011/10/1〜2012/3/31	自分でトイレに行きたいとき以外にも声をかけてもらえれば、失敗が少なくなり、トイレですっきりできる。
毎日お風呂に行きたい。（できれば温泉に行きたい）きれい好きな人なので、間に合わず汚してしまったときの臭いが気になるだろうなと思う（娘）。	入浴を楽しむ。	2011/10/1〜2012/3/31	ゆっくりお風呂につかって、手足を伸ばす。清潔にして気持ち良く過ごす。
出かけるときはおしゃれをしたい。	おしゃれをして出かける。	2011/10/1〜2012/3/31	季節ごとに好きな服を自分で選び、できればお化粧もして出かける。

作成年月日　平成 23 年 9 月 25 日

期間	援助内容 サービス内容	担当者	頻度	期間
2011/10/1～2012/3/31	・トイレのリズムをつかみ、適時トイレ誘導を行なう。 ・トイレのリズムをつくる。 ・紙パンツや尿パッドによる皮膚トラブルがないか観察する。	ケアスタッフ	適時	2011/10/1～2012/3/31
2011/10/1～2012/3/31	・バイタルが安定していれば、毎日入浴に誘う。 ・温泉気分や香りを楽しめるよう、本人に選んでもらった入浴剤等を入れる。 ・手の届く範囲は自分で洗うように勧め、できないところは手伝う。 ・皮膚のトラブルがないか観察する。 ・入浴後は基礎化粧やボディークリームを勧める。 ・更衣をまめに行なう。入浴できない日は、シャワーや清拭で清潔にする。	ケアスタッフ 本人	入浴時シャワー浴、清拭時	2011/10/1～2012/3/31
2011/10/1～2012/3/31	・季節ごとに衣替えを行なう。 ・外出の予定を前もって伝え、家族やスタッフと共に、外出時のスタイルを考える。 ・美容室の利用、お化粧を勧める。	家族 ケアスタッフ	外出準備時	2011/10/1～2012/3/31

入浴は希望があれば、好きなときに好きなだけゆっくり入れることがベストですが、実際には介助が必要な方の場合、その実現がバイタル結果やその日の体制によってできないこともあります。そのようなときでも、「好みの入浴方法を取り入れる」「できる範囲を自分で洗う」「入浴以外の方法で清潔を保つ」ことが大切です。

おしゃれへの支援です。外出時には外出先と天候を伝え、着て行きたい洋服を自分で考えてもらいます。また、お化粧も勧め、外出時はお化粧直しにも配慮します。

要介護 5

早見 ちえみさんの日課計画表

日 課 計 画 表

利用者名　早見 ちえみ　　　殿

		共通サービス	担当者
深夜	4：00		
	6：00		
早朝	8：00	朝食・食事量チェック・口腔ケア	夜勤ケアスタッフ
		バイタルチェック・掃除	ケアスタッフ
午前	10：00	ティータイム・入浴	日勤ケアスタッフ
	12：00	昼食・食事量チェック・口腔ケア	日勤ケアスタッフ
午後	14：00		
	16：00	ティータイム	日勤ケアスタッフ
	18：00	夕食	夜勤ケアスタッフ
夜間	20：00	ティータイム・口腔ケア	夜勤ケアスタッフ
	22：00		
	0：00	巡回	夜勤ケアスタッフ
深夜	2：00	巡回	夜勤ケアスタッフ
	4：00		
随時実施するサービス		家族の面会	
その他のサービス			

作成年月日　平成 23 年 9 月 25 日

個別サービス	担当者	主な日常生活上の活動
起床着替え介助　トイレ誘導		起床
米飯・小盛り（食パンは耳をカット）	夜勤ケアスタッフ	朝食・服薬
食堂かたづけ・食器ふき手伝い		
トイレ誘導	日勤ケアスタッフ	
散歩・アクティビティ・レク等		
食事準備手伝い（味見・食器選び・盛り付け）		
トイレ誘導　米飯・小盛り	日勤ケアスタッフ	昼食・服薬
食器ふき・洗濯物畳み		
散歩・アクティビティ・レク等		
トイレ誘導　入浴介助	日勤ケアスタッフ	
米飯・小盛り	夜勤ケアスタッフ	夕食・服薬
トイレ誘導		
着替え介助　DVD 鑑賞		着替え・眠前薬服薬
		就寝
居室誘導（状況によってリビングソファで、眠くなるまで過ごす）	夜勤ケアスタッフ	
トイレ誘導		

要介護 4

田原 薫さんのグループホームサービス計画書

グループホーム
サービス計画書
❶

グループホームサービス計画書 ❶

（ケースNO. 1　田原 薫さん）

利用者名　**田原 薫**　　　　　殿　　　生年月日　昭和 10 年　2 月　3 日

GHサービス計画作成担当者氏名及び職種　　○○　介護支援専門員・介護員

入居年月日　平成 19 年 12 月 20 日

GHサービス計画作成（変更）日　平成 23 年 10 月 31 日

認定日　平成 23 年 10 月 11 日

要介護状態区分	要支援 2 ・ 要介護1 ・ 要介護2 ・
利用者及び家族の生活に対する意向	利用者：早く帰って自由にしたい。トイレですっきりしたい。 家族：退院が決まって本当にホッとしました。今後の病状の変家族としては、できるだけのことをするので長生きして自宅で介護ができず、ホームの方には申し訳ないと思った時間をしぜんに過ごしてほしいと思っています。入院
介護認定審査会の意見及びサービスの種類の指定	特になし。
総合的な援助の方針	11/2 退院しGHへ戻る予定 入院によってＡＤＬが低下しているため、本人と家族の希望を急な体調の変化が予想されるため、かかりつけ医・家族・スタ今後のことについては、随時相談をしながら、柔軟に対応して〈緊急連絡先〉かかりつけ医：○○クリニック○○Ｄｒ 　　　　　　　家族①長女：○○　携帯電話　090-****－****

※急な体調の変化が予想される状態でホームに帰ってこられました（入院治療は終了し、在宅かGHかの選択の結果、残された時間をGHで生活したいという希望）。

私は、上記事業所が平成 23 年 10

平成　　　年　　　月

84

	作成年月日　平成 23 年　10 月　31 日

初回・見直し　[短期目標・状態変化・(退院)]・認定更新・(区分変更)　　(認定済)・申請中

　　　　　　　　　　　　　　　　　　　　　　　　　　　退院日4日前に入院中の病院で、退院後のホームでの生活とケア方法等を検討するため、カンファレンスを行なっています。入院中に区分変更申請を行ない要介護2から4へ変更されました。

住所

GH サービス計画作成事業所名及び所在地　　GH ○○○

初回 GH サービス計画作成日　　平成 19 年 12 月 20 日

短期目標の期間終了日　平成 23 年 12 月 31 日

認定の有効期間　平成 23 年 11 月 1 日　〜　平成 24 年 10 月 31 日

要介護3　・　(要介護4)　・　要介護5

おいしいものが食べたい。

化については説明を受けているので、覚悟はしています。
ほしいと思っていましたが、入院を機にその考え方も変わりました。
ています。本人にとって居心地が良い場所で、かかりつけの先生に診てもらいながら、残され
は望みませんが、先生の判断にお任せしたいと思います。

踏まえて、体調を見ながら少しずつ入院前の生活に戻れるようにケアを行なう。
ッフの情報の共有と 24 時間連絡体制を整える。
いく。
携帯電話　090-****－****　（診察時間中の通常報告はメール　****＠****）
②長男：○○　携帯電話　080-****－****　③孫（長女の子）○○　携帯電話　090-****－****

月　31 日に作成した GH サービス計画について説明を受け、その内容に同意し、交付を受けました。
日　　利用者氏名
　　　家族氏名

グループホームサービス計画書 ❷-1

退院したばかりなので、様子観察期間として短く設定しています。

グループホームサービス計画書 ❷-1

利用者名　田原 薫　　　殿

生活全般の解決すべき課題（ニーズ）	目標		
	長期目標	期間	短期目標
「ひとりで歩きたい」 「トイレで用を足したい」	行きたいときにトイレへ行く。	2011/11/2～2011/12/31	手すりや介助の手を支えにしてトイレへ行き、すっきりする。
入浴させてあげたい。 （家族・孫） （入院中は車イスで、おむつを使用し、清拭とドライシャンプーだった）	身体を清潔にして過ごす。		体調がよいときは入浴してさっぱりする。 入浴できないときは、足浴と清拭でさっぱりする。
食事摂取量が徐々に減ってきている。 食事以外にも、好きな物を少量ずつ食べられるように、本人の状態を見ながら準備する。	食事を楽しむ。	2011/11/2～2011/12/31	無理のない程度に食べて、体調を整える。

作成年月日　平成　23　年　10　月　31　日

期間	援助内容				期間
	サービス内容	担当者	頻度		
2011/11/2～2011/12/31	・退院後は車イス移動を基本にしながら、介助歩行できる距離を少しずつ伸ばしていく。 日中は本人のトイレ希望のサインを見逃さず、トイレ誘導する。 夜間は居室にＰトイレを設置し、巡回時その他随時、声をかけてＰトイレ誘導する。 紙パンツと尿パッドを併用し、排せつリズムを記録し、適宜下着の種類を変更する。 ・かかりつけ医に相談しながら、体調がよいときはスタッフ介助の元、湯船につかる。 ○バイタルチェック。 ○浴前後の水分補給。 ○皮膚の観察（陰部の赤み、皮膚の乾燥がある）。 ○家族（孫）が入浴を手伝いたいと希望があったときは、スタッフと組んで介助に入ってもらう。 起床後は、蒸しタオルで洗顔する。	ケアスタッフ 家族（孫）	毎日 入浴時	2011/11/2～2011/12/31
2011/11/2～2011/12/31	入院中は病院食の摂取量が少なく、家族が差し入れた食品を好んで食べていた。 かかりつけ医からは、本人が好むものを食べてよいと指示がある。 盛り付けや彩り、食べやすい形状を工夫し、適温で提供する。 食べたい物をリクエストしてもらい、家族と相談しながら準備する。	ケアスタッフ 家族	毎日 ・食事時 ・ティータイム ・本人が食べたいと思うとき	2011/11/2～2011/12/31

家族（孫）は看護職。自宅で介護できないため、「せめて人手が必要な入浴あるいは清拭だけでもお手伝いしたい」という希望がありました。週に2回の面会予定をあらかじめ聞いておき、その日に入浴が可能であれば、スタッフと2人組で介助を行なってもらうことになりました。

医師の指示のとおり、基本は食事時間に準備しますが、食べたいときに少しずつでも食べてもらえるように、献立以外の食品を家族と相談しながら用意しておきます。

グループホームサービス計画書 ❷-2

利用者名　田原 薫　　　　　殿

生活全般の解決すべき課題（ニーズ）	目標		
	長期目標	期間	短期目標
急な体調の変化が予想される。 こまめなようす観察と記録を行い、家族・かかりつけ医・スタッフ間の連携が必要。 （家族、かかりつけ医への連絡は24時間可能）	体調の変化があっても、周りのサポートがあれば、痛みや不安が少なくなる。	2011/11/2～ 2011/12/31	体調の変化があっても、周りのサポートがあれば、痛みや不安が少なくなる。
「早く帰りたい」 覚悟はできている。 本人にも家族にとっても、これ以上の入院はつらい。できるだけホームで過ごさせてやりたい。 家族が担えることがあれば、そのつど、言ってほしい（家族）。	住み慣れたホームで在宅医療を受けながら、安心して暮らす。	2011/11/2～ 2011/12/31	住み慣れたホームで在宅医療を受けながら、安心して暮らす。 家族の顔を見てホッとできる。

作成年月日　平成　23　年　10　月　31　日

期間	援助内容			
	サービス内容	担当者	頻度	期間
2011/11/2～2011/12/31	・24時間連絡体制を整える。 ○かかりつけ医への随時報告・相談指示を受ける。往診 ○家族との連絡は、体調に応じて随時行ない、かかりつけ医・スタッフと情報を共有する。 ○可能な限り往診時に家族面会。	かかりつけ医 看護師 スタッフ 家族	毎日	2011/11/2 ～ 2011/12/31
2011/11/2～2011/12/31	・24時間連絡体制を整える ○かかりつけ医への随時報告・相談指示を受ける。往診 ○家族との連絡は、体調に応じて随時行ない、かかりつけ医・スタッフと情報を共有する。 ○可能な限り往診時に家族面会。 ○適宜、本人や家族の「今の気持ち」を受け止める機会をつくる。 ○適宜、家族やスタッフのストレスの軽減を図る。 面会時、本人と家族が静かに過ごせる環境を整える。	かかりつけ医 看護師 スタッフ 家族	毎日	2011/11/1 ～ 2011/12/31

現在の利用者と家族の希望は、GHでの看取りです。状況を見ながら医師・看護師・家族と随時相談し、家族の考えや希望の確認を行なっていきます。24時間体制を整える時期に入ると生じる、家族・スタッフのストレスに対しても適切な対応が求められます。

要介護 4

田原 薫さんの日課計画表

日 課 計 画 表

利用者名　田原 薫　　　　殿

		共通サービス	担当者
深夜	4：00		
早朝	6：00		
	8：00	朝食・食事量チェック・口腔ケア	夜勤ケアスタッフ
午前		バイタルチェック・掃除	ケアスタッフ
	10：00	ティータイム・入浴	日勤ケアスタッフ
	12：00	昼食・食事量チェック・口腔ケア	日勤ケアスタッフ
午後	14：00		
	16：00	ティータイム	日勤ケアスタッフ
	18：00	夕食	夜勤ケアスタッフ
夜間	20：00	ティータイム・口腔ケア	夜勤ケアスタッフ
	22：00		
深夜	0：00	巡回	夜勤ケアスタッフ
	2：00	巡回	夜勤ケアスタッフ
	4：00		
随時実施するサービス		家族の面会　　往診	
その他のサービス			

作成年月日　平成　23 年　10 月　31 日

個別サービス	担当者	主な日常生活上の活動
Ｐトイレかたづけ	夜勤ケアスタッフ	起床
米飯またはうどん（本人の好み）などを準備		朝食・服薬
	日勤ケアスタッフ	
庭の散策、散歩などの外気浴		
米飯またはうどん（本人の好み）などを準備	日勤ケアスタッフ	昼食・服薬
入浴または足浴・清拭		
	日勤ケアスタッフ	
米飯またはうどん（本人の好み）などを準備	夜勤ケアスタッフ	夕食・服薬
		着替え
ポータブルトイレ（Ｐトイレ）の設置　就寝		就寝
トイレの確認　Ｐトイレ誘導	夜勤ケアスタッフ	
トイレの確認　Ｐトイレ誘導		

日中のトイレ誘導、食事時間外の補食、入浴、歩行練習は随時行なう。

日中は体調を見ながら、ベッドでの休息やリビングで他者と過ごすなど。

グループホームの評価（自己評価と第三者評価）
3つの立場から評価します

　グループホームは5〜9人と少人数単位での生活なので、家庭的であるというメリットがある反面、外からの目にふれにくいというデメリットもあります。入居者が認知症であることから、グループホームでの生活が健全に営まれているかということもわかりにくく、経営が密室化傾向にあるといという点も問題視されてきました。

　そこで、入居者とその家族が安心して納得できるサービスを受けられるように、グループホームのサービス評価が国によって義務づけられています。評価はグループホームによる自己評価、入居者や家族による評価、サービス評価機関による第三者評価の3つの視点で行なわれ、結果は公開されます。

評価者	評価の意義
事業所（自己評価）	提供しているサービスが、本来目ざすべき方向に向かっているかを確認し、サービスをより充実させるためにはどうすればいいのかを検討します。問題があれば、その原因と改善すべき問題の優先順位をつけ、具体的な改善策をたてるための手段として活用します。
入居者	問題点の改善に積極的に取り組むグループホームなのか、など自分が入居しているグループホーム水準を知る手だてとなります。グループホームの自己評価項目が入居者のニーズに合っているかも、グループホームの質のよし悪しを知る材料になります。

自己評価重要項目（例）
1. スタッフが入居者と共に「普通の暮らしづくり」を行なっているか。
2. 地域との交流、外出支援（抑制の有無）を積極的に行なっているか。
3. 地域交流を積極的に行なっているか。
4. 身体拘束・抑制等が日常的に行なわれていないか。
5. 職員の研修の機会、離職率の高さ。

など

グループホームの地域交流　あるグループホームの例

●グループホームの暮らしを地域に知ってもらおう！

　ホーム発行の「お便り」を開設準備当時から続けています。かつては地域に目を向ける余裕がなく、休止した時期もありましたが、現在は季節毎に年4回発行。開設前の内容は、工事の進捗状況やグループホームの紹介等を、開設後は季節行事・ホームの生活の紹介やスタッフの求人などを載せ、近隣にポスティングし、自治会の回覧板にも挟んでもらっています。屋外活動として、天気のよい日は入居者さんとスタッフで近所を散歩します。ご近所さんに、ホームで暮らす私たちを覚えてもらい、声をかけ合えるお付き合いを目ざしています。ただ、「戸外へ出よう！」と考えても、なかなか思うように運ばない日もあります。そんなときは「外出」と構えず、空や木々や行き交う車、近所の子どもたちの野球を見に行くなど、「気軽なお散歩」を楽しんでいます。

　ほかにも神社のお祭りや、映画会、音楽会などの地域のイベントへの参加、近隣への年始のあいさつ、「年輪通信」の配布、入居者がぞうきんを縫って小学校に寄付、法人主催のバザーへ入居者手製の作品を展示・販売、法人内のイベント（敬老食事会、歌声喫茶、コンサート、コーラス　など）に参加するなど、積極的に活動しています。7年間の毎日の積み重ねで、今では、清掃、避難訓練も地域といっしょにできるようになりました。

第3章

食を通しての認知症ケアプランの実践

食は命をつなぐものであり、生活に彩りをもたらすものです。認知症になってもそれを感じられるようなスタッフの支えが必要です。

食を通したプランの考え方
入居者の豊な暮らしを支えます

　認知症ケアプランは、入居者みずからが持つ力を周囲が支えることで、入居者が望む暮らし（＝生き方）を実現することを目標（＝ゴール）にしています。周囲は時にはそっと見守り、そっと背中を押して、入居者と共にゴールを目ざします。ここでは食を通して、周囲が入居者をどう支えていくのかを紹介します。

●「自分らしく」あるためにエネルギーを補給します

　まず入居者にとって食がどういう意味を持つのかを考えてみましょう。入居者が「自分らしく生きる」という目標に向かうには、エネルギーが必要です。食事はそのエネルギー源となるものです。入居者の老化の進みぐあいや体調、アレルギーなどの体質、好き嫌いによっては、食べられる食材や硬さ、大きさなどに制限が出てきます。それを考慮したうえで食材選びや調理を工夫し、可能な限り栄養バランスよく食べてもらうことを目ざします。

●五感を刺激します

　食事はただ食欲を満たすだけのものではありません。野菜の色、果物の香り、根菜の触感、噛んだときの音、食べたときの味など、五感を通して味わい、楽しむことができるのが食事です。できる範囲で食材選びや調理に参加し、みんなで楽しく食べる過程で五感を刺激する機会はたくさんあります。「五感をフルに使って楽しむ」という考え方に立ってケアプランの中に食事を取り込むと、おのずと工夫すべきことや支援の方法が見えてきます。

●食は暮らしに彩をもたらします

　食事は心と体の糧となり、欲求を満たし、気持ちを豊かにします。入居者は食べたいものを決め、材料を考えて選び、経験や勘を働かせながら手を動かし、でき上がりを想像しながら調理します。一方、でき上がりを楽しみに待っている人もいて、「おいしそうだね」「いただきます」などと声をかけ合いながら、おいしく食べます。「ごちそうさま」と笑顔で食事を終えるころには、心とおなかがすっかり満たされています。こんな食事の風景は、暮らしに彩りをもたらします。

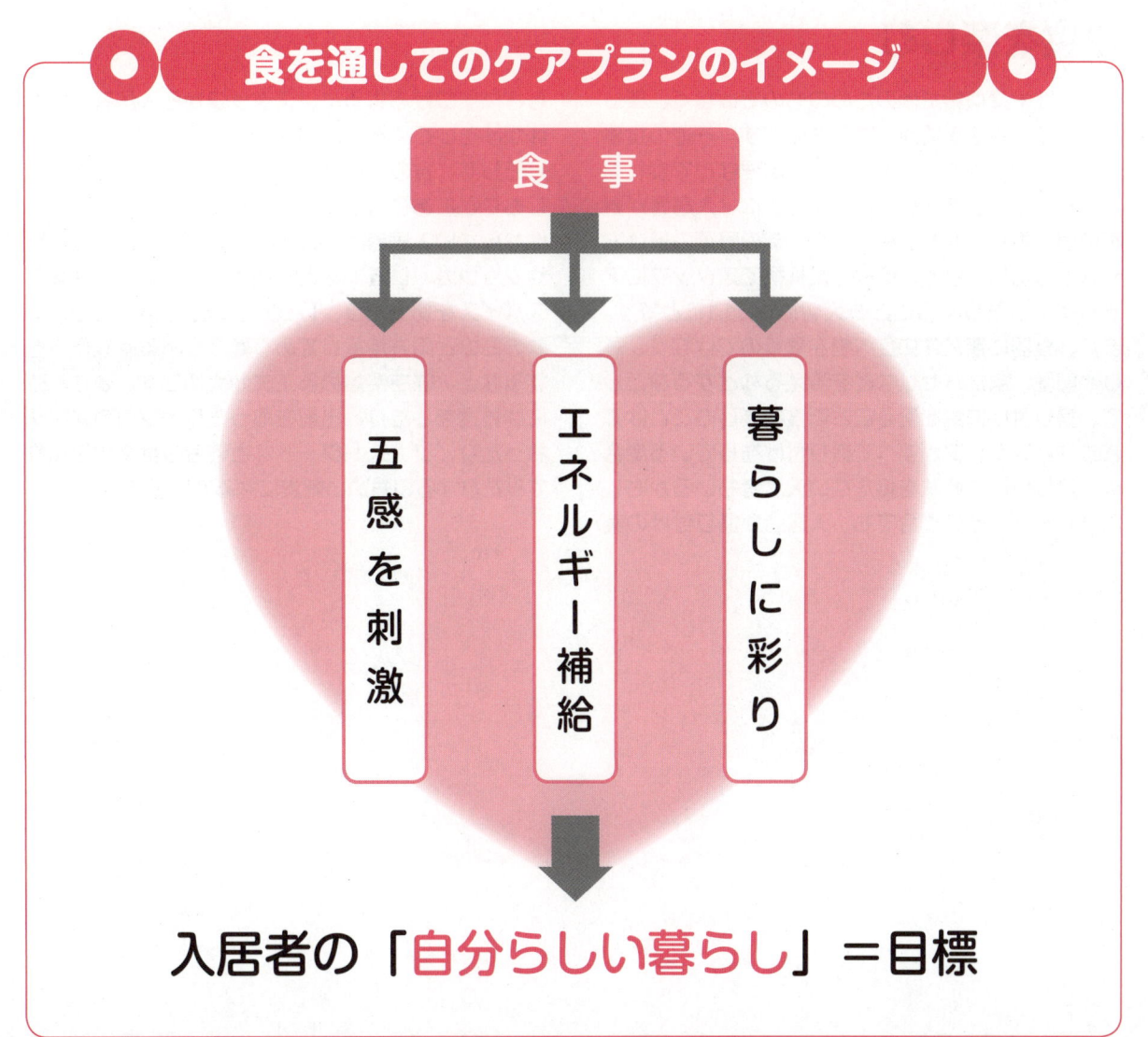

きれいな色ね

●食を通してのケアプランのイメージ

食事
├ 五感を刺激
├ エネルギー補給
└ 暮らしに彩り

↓

入居者の「自分らしい暮らし」＝目標

グループホームにおける「食」とは
家庭的な雰囲気で楽しく食べるのが理想です

　グループホームは、生活自体をリハビリととらえ、認知症を改善するため、または進行を遅らせるために、家事活動にかかわり、生活していくことが理想です。「食」についても同様で、ただ出されたものを食べるのではなくて、献立作りで希望を伝えることに始まり、食材の買い出し、調理、配ぜん、かたづけなどすべての過程で何らかの形でかかわってもらいます。食事作りの一連の流れの作業の中に音とにおい、香りがつきものです。それと自身の以前の暮らしが重なって、認知症患者がホームの暮らしをしぜんと受け入れられるようになるゆえんです。もちろん、中には身体機能の低下から作業ができない、もしくは本人が希望しないという例もありますが、音やにおい、香りを感じることは少なからずできるのではないでしょうか。

●食を楽しむ

　食事は栄養補給だけのためのものではなく、楽しみであり、生活を豊かにするものです。一連の食事作りの過程の中でも、買い出しや調理などで食材を見たり触ったりする機会があるときに、入居者が野菜の色や香りに興味を持ったり、旬の野菜の選び方や調理方法について、昔取った杵柄でスタッフにアドバイスしたりすることも大切にしたいことです。また、食器に無造作に食べ物を置くのではなく、彩りや配置、またパセリなどを添えるなどするなどして、盛り付けに気を配ることで食を楽しむことはできます。スタッフがすべて盛り付けをしている場合や、盛り付けに興味を持たない入居者もいるかもしれませんが、その場合でも、入居者が盛り付けの美しさに気づけるように、スタッフから入居者にことばがけをしていきたいものです。

　そして、食の楽しみはなんといってもその味を楽しむことにあります。塩分や糖分などを控えなければならない入居者がほとんでしょうが、代わりに酢やショウガ、レモンなどを使ったり、薬味や適量のスパイスを使ったり、しっかり味が付いたものと薄味のものと両方用意してめりはりがある献立作りをするなど、味を楽しめる工夫が大切です。また、時には外食をしたり、出前を取ったりとプロの味を味わったり、ファストフードなど若者の食文化にふれてみたりするのもいい刺激になるでしょう。

●家庭的な雰囲気で食べる

　グループホームは入居者が家庭にいるときと同じようにくつろいで過ごしてもらう場所です。生活の大きな部分を占める食事でも家庭的な雰囲気で食べられる工夫が求められます。できれば飯椀、汁椀、湯飲み、マグカップ、はしなどの食器は、家庭で使っていたものを持ってきてもらうようにしましょう。また、献立作りは、入居者の意見を聞き、なるべく自宅で食べてきたメニューを考えることも必要です。

　食事をする部屋には、季節の花を飾ったり、正月、七夕、クリスマスなど年中行事の楽しさを味わえるような簡単な飾り付けもうれしいものです。このような心配りは家庭的な温かい雰囲気を醸し出すでしょう。もちろん、スタッフや入居者、みんなで話しながら、楽しく食べることが、食事の時間をより豊かなものにします。

●スタッフのセンスと技量がものをいいます

　グループホームの食はスタッフと入居者が毎日食事を作り、食卓を囲むことで、みんなで暮らすことを楽しいと思い、その楽しさを共有していくことを目ざしています。その実現にはやはりスタッフの配慮と工夫が必要です。また、献立のたて方や味付けや盛り付け、そして入居者へのことばがけなど、スタッフひとりひとりのセンスと技量がものをいうといってもいいでしょう。

おやつの楽しみ

　食の楽しみのひとつにおやつがあります。おやつに市販のスナック菓子やせんべい、クッキー、和菓子などを出しているところもあるでしょうが、季節の果物などを使った手作りおやつも大変喜ばれます。スタッフと入居者でいっしょにおやつを作るとよりいっそう楽しい時間になります。手作りおやつは、一度にたくさん食べられない高齢者にとって食事でとりきれなかった栄養の補給にもなります。毎日手作りするのは経済的にも時間的にも大変ですから、余り食材やホットケーキミックスなどあるときだけでもかまいません。1時間以内で簡単に作れるレシピを用意しておくのがお勧めです。

　➡レシピはP.116〜119参照

食を通して見るケアプランのポイント
アセスメントに基づいて入居者に役割を分担します

　入居前の食生活についてアセスメントを十分に行ない、入居後の食事内容を決めます。入居後は、食事のようすを確認し、随時食事内容の見直しをしていきます。また、全スタッフへの情報提供と調理にかかわるスタッフがそのつど確認できるように、特別な配慮が必要な入居者ごとの食事形態・留意点を記載した表をキッチンにはるなどの工夫をすることも必要です。

●入居前の食生活について確認します

　アセスメントでは、以下について確認します。
- **食事摂取量**：カロリー、塩分、糖分等
- **食事の形態**：米飯はかゆ、柔らかめ、普通炊きなど。副菜は普通、粗刻み、ひと口大、極刻み、ミキサー等
- **使用している道具・食器**：はし、スプーン大・小、フォーク大・小、レンゲ、自助具、飯椀、汁椀、大小皿、小鉢、湯飲み、カップ、吸い飲み、ペットボトル、エプロン等
- **食事をする場所**：ダイニング、ソファ、自室ベッド等）
- **食事回数・時間**：1日何食を何時ごろとるか
- **だれと食事をするか**
　独りで、家族や友人と、ヘルパーの見守り等
- **その他**：好き嫌い、アレルギーのあるもの、医師から禁食といわれている食品などのほか、飲酒の有無と飲酒量、むせ込みの有無、水分摂取量と好む飲み物、外食の頻度、配食サービスの利用の有無等

●スタッフのことばがけやさり気ないサポートが大切

　食事は献立を作るところから始まり、買い出し、調理、盛り付け、配ぜん、食事、団らん、かたづけといったいくつものシーンがあります。アセスメントから得た情報や身体状況に合わせて、入居者には役割を担ってもらうようにします。もちろん、中には食べるだけという人もいますが、味見をするなどなるべく役割を担ってもらうことで、認知症の症状を緩和させることにつながります。特に女性の場合は、以前台所に立っていた経験もあり、スタッフに食材の選び方や調理方法を伝授する光景も見られ、会話も弾みます。時には話のつじつまが合わないこともありますが、スタッフはよく耳を傾け、入居者の立場に立った対応をすることが大切です。

　また、火や包丁を使うなど危険な作業をする場合のみならず、入居者が手を貸してくれるときや食事をする場面では、安全を確認する意味で、スタッフは常に入居者を見守り、適宜声かけをしていきます。

グループホームで行なう献立作り
食事の献立作りはグループホームによってさまざま

　まとめて数日分の献立を作るところ、入居者に希望を聞いて当日の朝に夕食の献立を決めるところ、献立のほとんどを業者に委託しているところ、すべて業者委託など、献立の作り方はグループホームによってさまざまです。それぞれメリット・デメリットがあるので参考にしてください。

●グループホームの献立の作り方

	内　容	メリット	デメリット
A	入居者とスタッフとで朝刊に入ってきたチラシを見て、お買い得品やグループホームの在庫食材をチェックし、当日の夕食・翌日の朝食と昼食を決めて買い物へ行く。	・その日の気分や天気、体調に合ったものを食べられる。 ・買い物に行くという毎日のリズムができる。 ・入居者の嗜好にこたえやすい。	・献立がワンパターンになりやすい。 ・お買い得品中心の食材選びになりやすい。 ・入居者の身体状況によっては継続が難しくなる。
B	朝食後、入居者にスタッフが毎日声をかけてリクエストを聞く。夕食限定でリクエストが多かったものを献立にする。朝昼食はパンや麺類、お弁当というように簡単な調理ですむものや、調理済みの惣菜にする。	・買い物から調理、後かたづけまで1食だけの労力で済む。 ・入居者の嗜好にこたえやすい。	・献立がワンパターンになりやすい。 ・夕食準備や後かたづけは、職員の手が限られる場合があり、シンプルな献立を選びやすい。 ・余り食材が出る可能性がある。
C	1～2週間分の献立をあらかじめスタッフが作成。作成後、入居者の嗜好や体調、あるいは天候や価格を見ながら、買い物をする前に一部変更する。	・おおまかなカロリー計算ができる。 ・献立や食材の重複が防げる。 ・1日で見ると、必要な栄養の過不足がつかめる。 ・余り食材を活用できる。 ・計画的な買い出しが可能。	・入居者の嗜好にすぐにこたえにくい。 ・1週間献立の場合、買い出しを2回に分けて行なっても購入量が多く、収納スペースが必要になる。
D	汁物（味噌汁）だけ調理し、米飯や副菜、おやつに至るまで業者に委託する。	・献立作成や大掛かりな買い物の必要がない。 ・プロによる栄養のバランスが整った食事となる。 ・調理が不得意なスタッフでも食事にかかわれる。	・既製のメニューから選択するため、入居者の嗜好にこたえる食事になりにくい。 ・その土地の味や季節のものを食に取り入れる機会が少ない。 ・生活の中で食事作りを通して入居者とかかわる時間が限られる。
E	高齢者施設の給食や治療食を手掛ける専門業者からの配達のみで、グループホーム内で調理を行なわない。	・調理器具や食器類の整備や、食材料を備える必要がない。 ・調理ができないスタッフでも勤務できる。 ・GH全体の入居者の重度化、治療食の必要性が高まった際には有益。	・既製のメニューから選択するため、入居者の嗜好にこたえられない。 ・生活感や季節感を感じる場面が少なく、入居者もスタッフも「食」への意識が弱まる。
ABCE混合	例えば週4日の朝・夕食は専門業者からの配達で、昼食はお弁当屋さんのお弁当。週3日の朝食は、前日に購入したパンと牛乳、ヨーグルトなどで調理を行わない。昼・夕食はすでに献立をたててあるか、そのつどたて、買い物と調理を行なう。	・全日、配達や給食のスタイルと、GH内調理への切り替え時期に取り入れることができる。 ・調理を行なう曜日を決めることで、スタッフ配置を手厚くするなどの工夫ができる。 ・入居者の重度化やスタッフの力量等に応じて、「食」へのかかわり方にめりはりを付けることができる。	・簡単で便利な方法（手間のかからない方法）を選んでしまいやすい。 ・1週間を通した栄養のバランスを考えにくい。 ・余り食材が出やすい。

ケアプランに基づく食事作りの流れ

あるグループホームの場合

　このグループホームはP.99のCタイプで献立を決めています。一連の食事作りの流れでは、できる範囲で入居者に参加してもらっています。それだけにスタッフの配慮が必要になりますが、入居者の表情や会話などから、自分たちが食事作りにかかわり、それを食べる喜びが感じられます。

1 献立を決める

　あらかじめスタッフが、1〜2週間分の献立を作成します。作成後、入居者の嗜好や体調によって、あるいは天候や価格を見ながら、買い物の前までに一部変更をします。

　献立は人気メニューやリクエストが多かった食材、旬の食材を取り入れて作成します。例えば、1週間分の献立作成は、3食×7日＝21食のうち19食。2食は中盤と後半にフリーの日を設け、余り食材で工夫したり、入居者と共に食べたい物を調理したりする日にしています。

2 買い出しをする

　週1回の大買い出しの日、小買い出しの日に分けて買い物に行きます。大買い出しの日は、購入量が多く、限られた時間で複数の店舗を回って購入するために、スタッフのみでスピーディーに行ないます。

　小買い出し日は、複数の入居者と共に買い物に出かけます。ひとりひとりの身体状況（歩幅、スピード、疲労度、集中できる時間　など）に合わせて買い物できる体制を整える必要があります。外出先の身障者用や洋式トイレの有無の確認も必要です。

3 調理をする

　入居者の身体状況に合わせて、調理の分担をします。調理ができる人たちが集まると、調理方法などについて口論になることもあるので、人員配置にも気を配ります。

　包丁が使える人には、見本を用意してイチョウ切りや薄切り、千切りなどをお願いしたり、火が使える人にはそでをまくる、火の注意を促すなど見守りながら調理してもらいます。包丁や火が使えない場合は、野菜を洗う、レタスをちぎる、モヤシのひげを取るなどの作業をお願いします。

　どれも苦手な人には味見をしてもらい、「塩味がたりない」などアドバイスをもらいます。

食事・水分摂取量が不足している入居者には？

　食事摂取量が低下している人には、高カロリー食品やゼリーを医師の指示のもとに提供します。水分量が少ない場合は、常備しているゼリー飲料なども合わせて勧めます。食事以外のティータイムでは飲み物の種類や味、香りを変えながら、なるべくおいしく飲める工夫もします。

4 盛り付けをする

　料理がおいしそうに見えるように、料理によって使用する食器を変える、体重コントロールが必要な人の食器を小さめにしたり、手で持って食べるときの食器の大きさや重さに配慮する、料理と食器の色が同系色にならないようにするなど食器選びにも気を配っています。刻み食やミキサー食は、どれも同じになってしまわないように、できる限り食材ごとに形状を変えるなどの工夫をします。また入居者に食器を選んでもらったり、「ニンジンのグラッセを2枚ずつ」「パセリをコロッケの横に」など見本どおりに盛り付けてもらうこともあります。

5 配ぜん・食事をする

　入居まで本人が使用していた食器を持ってきてもらうことで、食器棚や水切りカゴの中などから「自分の物」を手に取ったり、それを眺めて何かを思い出したりする行動につながります。テーブルには配ぜん前にランチョンマット（またはトレー）を敷き、はしやスプーンをセットしてもらいます。そこにスタッフが主食、主副菜、小鉢、飯椀、汁物などを配ぜんします。入居者にはスタッフが見守る中、人数分のお茶をいれてもらうことをお願いします。食事中、食べ方に偏りがある場合は、まんべんなく食べられるように、一度に出さず一品ずつ出すなどの工夫をします。

「花柄の湯飲みは○○さんのだね」

「ありがとう」

6 だんらん・かたづけをする

　食事摂取量を確認、記録した後に食器を流しに運びます。そのあと食器を洗う→すすぐ→洗いカゴに入れる→流しをスポンジで磨く→生ゴミを集めてゴミ箱に捨てる→使用した道具を定位置に戻す、または乾いた食器をふく→同じ形の食器を重ねる→食器棚や収納スペースに運び収納するという一連の作業をスタッフと入居者で分担して行ないます。中には洗った食器を流しに戻してしまう人や生ごみを口に持って行ってしまう人などもいるので、スタッフは適宜見守りと声かけを行ないます。かたづけが終わったらリビングでテレビを見たり、会話を楽しんだりします。

口腔清潔・服薬は？

　食事摂取量のチェックをしている間に食後の服薬があります。誤飲や飲み忘れがないよう、また服薬を拒む人に飲んでもらうための工夫もします。食後はうがいや歯磨き、義歯洗浄を行ない、口の中と口の周りを清潔にしたり、衣服に食べこぼしがないかを確認します。

> 菓子パン
> バイキング

自分の好きなものを好きなだけ

　配ぜんされたものを食べるのもいいですが、たまには自分の好きなものを好きなだけ食べることができるスタイルをグループホームに取り入れたのが「菓子パンバイキング」です。不思議なことに菓子パンバイキングのときは、「ごはんに替えてほしい」という人もあまりいません。「どれにしようかな？」とつい手を伸ばしてしまう、そんな人気のメニューです。

> ポイント

① いろいろな種類のパンを買う

　味がおいしい、形や大きさ、硬さ、持ちやすさなどで過去に人気のあったパン、見た目にひかれるパン、季節限定、新商品など味や形が偏らないようにいろいろな種類のパンを購入します。

② 大きさや形を工夫して盛り付ける

　なるべく多くの種類を食べてもらえるように、大きさや形を工夫しながらカットし、大皿、トレー、籐のバスケット、お菓子の空き箱などに盛り付けます。紙ナプキンや敷き紙を利用して容器とパンの色が重ならないようにしたり、切り口が見えるようにして高めに盛り付け、離れた席からも見えるようにします。乾燥防止におかわり用の盛り皿にはラップを掛けます。

③ 食べるときは適宜声かけを

　「好きなパンを好きなだけ取ってください」「こんな種類のパンがあります」「おかわり用は別にありますので、ゆっくり召し上がってください」などと声をかけます。パンはむせることや詰まりが心配なので、スープや牛乳、紅茶など飲み物を挟むように促します。入居者の摂取状況に応じて、パンがゆや牛乳にひたして柔らかくするなど調理を行なう場合もあります。

●菓子パンの種類

味 クリーム系、ジャム・フルーツ系、スパイシー、チーズ など

形 コッペパン、食パン、バケット、デニッシュ、ドーナツ、マフィン など

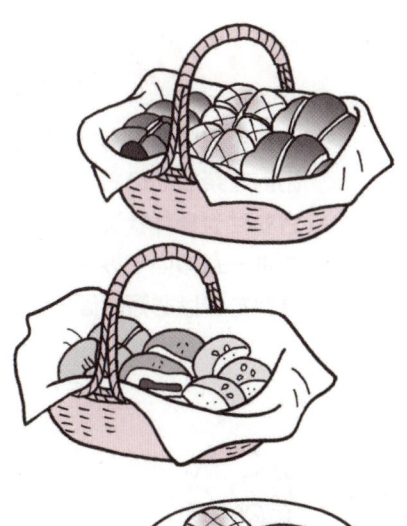

●菓子パンとの組み合わせメニュー例

メニュー❶

クリームシチュー
- シチューの素
- 鶏もも肉
- タマネギ
- ニンジン
- ジャガイモ
- 牛乳

野菜サラダ
- レタス
- ミズナ
- タマネギ
- スイートコーン（缶）
- ミニトマト
- ハム
- ブロッコリー
- ドレッシング

コーヒー or 紅茶

季節のフルーツ

メニュー❷

ジャーマンポテト
- ジャガイモ
- タマネギ
- ウインナー
- バター

洋風野菜のサラダ
- 洋風野菜(冷凍)
- 玉ねぎ
- ドレッシング

ポタージュスープ
- 市販のポタージュスープ
- 牛乳

ココア

メニュー❸

温野菜
- 洋風野菜(冷凍)
- スイートコーン
- レタス
- ドレッシング

チーズ
- 市販のチーズ

コンソメスープ
- ミズナ
- スイートコーン
- ベーコン
- コンソメ

ミカンヨーグルト
- ミカン（缶）
- ヨーグルト

野菜ジュース

コーヒー or 紅茶

> 出前ミックス

たまには気分を変えて
プロの味を楽しむ

　たまには、みんなで買い物して調理するというスタイルをお休みして、外食や出前を楽しむのもお勧めです。地元店舗とのつながりもできます。入居者の組み合わせや身体状況、またはスタッフの急な休暇などで外食が難しい場合は、グループホームの中でみんなでメニューを選び、出前を取ってもいいでしょう。食後の後かたづけも短時間で済み、食後の団らんを楽しむことにつながります。

> ポイント

1　好きなものを注文してみんなでシェア

　それぞれが好きなメニューを選んで注文してもいいですが、すべて違うメニューを選んで、みんなでシェアしながら食べるのも楽しいものです。いろいろな種類の食べ物を少しずつ味わえるので、入居者同士が「これもおいしいね」と共感しながら楽しめます。

2　出前と調理したメニューをミックス

　出前の場合、すべてを注文するのではなく、主菜や副菜だけを注文し、出前を待つ間にそれらに合う汁物やデザートをグループホームで調理しておく方法もあります。経済的ですし、味付けや食事全体の彩りの微調整もできます。

3　必要に応じて再処理する

　食事中は、いつもの食事と異なる形状、味付け、硬さが入居者の摂取量を抑えていないか観察します。必要に応じてカッティングや再調理などを行ないます。おいしく食べているメニューはグループホームの献立に取り入れたり、味付けをまねしてみたりするといいでしょう。

●中華レストランテーブルバイキング（メニュー例）

前菜三種、エビチリソース、餃子、レバニラ炒め、鶏のから揚げ、マーボー豆腐、八宝菜、カニ炒飯　など

●出前との組み合わせメニュー例

メニュー❶

トマトと卵のスープ
- トマト
- 卵
- 鶏ガラスープの素
- カイワレダイコン
- 調味料

フルーツ杏仁豆腐
- 市販のフルーツ缶

ウーロン茶

ほうじ茶

ジャスミン茶

メニュー❷

中華スープ（サンラータンふう）
- 卵
- ネギ

ミニサラダ
- レタス
- キュウリ
- トマト
- ドレッシング

フレッシュフルーツプチアイス添え
- 季節の果物
- プチアイス

麦茶

ファストフードやお酒を楽しむことも

　ファストフード店に予約しておき、ランチにファストフードも楽しむこともあります。野菜スープ、サラダ、フルーツ、ドリンクはグループホームで用意。ひとりひとり袋に入ったハンバーガーを手にすると、その温かさや袋を開ける時の楽しさがあります。フライドポテトも片手でつまんで食べられる手軽さがあります。
　また晩酌の習慣がある入居者とスタッフが居酒屋に出かけて乾杯することもあります。居室内で酒量を決めて晩酌することもあり、その場合はいっしょに買い物に出かけ、好きな銘柄のお酒とつまみを購入します。

あるグループホームの季節のメニュー
食を通して日本の伝統行事を楽しみます

　日本の伝統行事に食はつきものです。グループホームでも入居者が家庭にいたときと同じような雰囲気で行事を楽しめるようにスタッフがメニューや盛り付けなどに工夫をこらしています。入居者もいつもと違うハレの食卓にワクワクしながら、入居前の生活や若かったころの思い出をよみがえらせます。

1月

おせち料理

　元旦は、朝食を軽めに済ませます。後かたづけが終わるころ、元旦勤務のスタッフやおせち料理作りのためのボランティアスタッフが集まり、いつもと違う華やかな昼食の準備が始まります。年末から調理しておいた食材や、大晦日に調理を開始した品々が、次々にキッチンやダイニングテーブルに運ばれ、いつもとようすが違うスタッフたちを、少し離れて観察していた入居者たちも「忙しそうね、何か手伝おうか？」と言いつつ、「今日はごちそうになろうかな」と味みや盛り付け役を楽しんでいます。

　年末に、つき立てのもちをみんなで丸めて作った鏡餅が、あちらこちらに供えられ、おめでたい生花やお飾りなどのしつらえも、お正月の雰囲気を醸し出しています。

メニュー ❶

食前酒
- お屠蘇　● 梅酒

黒豆
- 手作り黒豆　● 金箔

海老の黄金焼き
- 有頭エビ　● チーズ

きんとん2種
- サツマイモ　● クリの甘露煮　● 抹茶など

合鴨のロース煮
- 合鴨胸肉　● ネギ

鶴の子芋の含め煮
- サトイモ　● 京ニンジン　● キヌサヤ

サーモンの握りずし
- 酢飯　● レンコン　● 実山椒の佃煮
- スモークサーモン

お吸い物
- 白玉粉　● サクラの花の塩漬け

フルーツコンポートジュレがけ

メニュー ❷

食前酒
- 梅ワイン　● ビール

紅白なます
- ダイコン　● 京ニンジン　● ユズ

カズノコ
- カズノコ　● 金箔

伊達巻
- 手作り伊達巻

黒豆
- 市販品

抹茶きんとん
- サツマイモ　● 抹茶　● クリきんとん

海老のつや煮
- 有頭ブラックタイガーエビ、＊ナンテン

地鶏の煮物
- 鶏もも肉　● シイタケ　● 京ニンジン
- レンコン　● キヌサヤ

ひとくちお赤飯

お吸い物
- 生麩　● ミツバ　● 紅白かまぼこ

リンゴ羹
- 紅玉　● レモン　● 寒天

＊…飾りや食器などのアイディア

節分恵方巻きふう寿司御膳

2月

2月の行事といえば節分の豆まきがポピュラーですが、節分にその年の吉方に向かって太巻き寿司を丸かぶりする、関西発祥といわれる「恵方巻き」の慣わしを取り入れたメニューを考えました。高齢者に節分の夜に「寿司の丸かぶり」は難しかったため、「恵方巻き風」と名付けた太巻きを食べやすい大きさに切り、他の料理と組み合わせて御膳にしました。太巻きといなり寿司は、手の空いている入居者に声をかけて手伝ってもらいます。

入居者は、飯台の酢飯をあおいで冷まし、巻きすや稲荷揚げを手にしながら、台所に立っていたころを思い出すようです。

メニュー例　　恵方巻きふう　太巻きといなり寿司

太巻き
- 寿司飯　● 焼きのり　● 干しシイタケ
- カンピョウ　● 焼きちくわ　● ニンジン
- キュウリ　● 桜でんぶ　● 卵

いなり寿司
- 寿司飯　● 味付けいなり揚げ
- 白すりゴマ　● しば漬け

筑前煮
- 鶏肉、冷凍和風野菜、コンニャク

大豆の五目煮
- 市販品

すまし汁
- はんぺん　● カイワレダイコン

羊羹
- 市販品

ショウガの甘酢漬け
- ショウガ　● 甘酢

＊豆まき用の煎り大豆

料理を引き立てるために

料理の季節感の演出や、彩りに身近にあるものを役だてることができます。

南天：小さな緑の葉を付けた枝を、食材に合わせた長さに切って使う。エビの塩焼きや焼き魚の下に敷く、器の端に飾るなど。

ハラン・クマザサ：皿や半月盆の上に敷き、お寿司を載せる。夏はササ舟を作り、大船にはそうめんや手毬寿司、小舟にはミニデザートや水菓子を載せる。

パセリ：あざやかな緑色が、料理の付け合せや飾りに合う。乾燥に弱いので使うまでは、水を入れたグラスなどに差して。

イタリアンパセリ：ちぎったり刻んだりして使う。魚のマリネやムニエルの彩りに最適。

バジル・乾燥バジル：柔らかな緑色の生葉は、トマト料理に彩りと香味をプラスする。ペースト状にするとソースの材料になる。乾燥バジルは、肉にすり込んだり、ドレッシングに。

ローズマリー：消臭効果があり、肉や野菜を焼くときに使う。

つばきの葉：濃い緑色の葉に厚みとつやがあり、イモきんとんや抹茶きんとんの上にクコの実を載せ、葉の上に置くと、ツバキの花のようでもある。

ローリエ：月桂樹の葉を乾燥させて使う。カレー・ポトフなどの煮込み料理に、香り付けとして。

ミツバ：なじみのある香りと食べやすさで、お浸し・和え物・澄まし汁・丼物などに使う。

コネギ：彩りに緑を加えたり、薬味として。

ユズ：香り付けや酸味を加える際に、生や果皮を冷凍した物を料理に使う。果皮ごとカットしたものをハチミツに漬けておき、ティータイムにも。

3月

ひな祭り膳

3月の行事のメインは「ひな祭り」。3月3日の午後のティータイムには、緑茶・桜湯・甘酒・ひなあられ・桜餅・季節の饅頭などが食卓に並び、和紙の手作り内裏雛やグラスに挿した菜の花と共に、淡いピンク色がリビングの雰囲気をいっそう柔らかにします。「ひな祭り膳」は、春を感じる彩りとかわいらしさがテーマです。

スタッフはお重のふたを開けたときやお膳が運ばれてきたときに入居者の顔がパッと明るくなるものにしたいと考えながら、メニューのアイディアや演出を練っていきます。席に着いた入居者は、「わぁ、きれいなご飯ね〜、どうやって作るの？」と感動のようす。添えられたお品書きカードを繰り返し読んだり、隣席の人にメニューを読んで聞かせたり、いつもとはまた違ったお昼の時間が流れます。

メニュー❶

プチケーキ寿司2品
- 寿司飯
- サケフレーク
- イクラ
- ツナライト缶
- かまぼこ（紅）
- 桜でんぶ
- 紫蘇塩漬け
- ミツバ
- カイワレダイコン

飾り鶏巻き
- 鶏むね肉
- ニンジン
- 冷凍インゲン

炊き合わせ
- タケノコ
- フキ
- シイタケ
- エビ（大）

お吸い物
- ナノハナ
- 手毬麩

漬物
- 3種野菜の浅漬け

クリきんとん
- サツマイモ
- クリの甘露煮
- アズキ煮（缶）

＊丸盆（黒・赤）、小鉢　を使用
＊甘酒（3時のティータイム）

メニュー❷

箱型ケーキ寿司＆手まり寿司
- 寿司飯
- スモークサーモン
- 卵
- マグロ刺身（さく）
- キヌサヤ

※ケーキ型は牛乳パックで作成。

天ぷらの盛り合わせ
- エビ（中）
- サツマイモ
- シュンギク
- ニンジン
- ダイコン
- クマザサ（庭から）

※皿にクマザサを敷き、盛り合わせる。

高野豆腐の煮物
- 高野豆腐
- 鶏挽肉
- ニンジン
- ネギ
- 冷凍インゲン
- キクラゲ

紅白飾りかまぼこ

菜の花のゴマ和え添え
- ナノハナ
- 白ゴマ
- 紅白かまぼこ

カブのユズ香漬け
- カブ
- ユズ

お吸い物
- 手毬麩
- 卵豆腐
- 冷凍ホウレンソウ

モモのデザート
- モモ
- オレンジ
- キウイフルーツ
- パイナップル（缶）ほか

七夕のお膳

7月

　七夕ご膳は、五色の短冊や星をイメージしたメニューを考えます。大皿から自分の取り皿に取るスタイルは、遠慮がちな人、とまどってしまう人、好きな物を好きなだけ取る人、周りの人にも取ってあげている人など個性豊かな食卓となります。

　スタッフは、それぞれが満遍なく食べられるように、目配りし、声をかけ、サポートしながらいっしょに食事を楽しみます。時々「これは○○ですよ。おかわりはいかがですか」と食材の説明を加えたり、「これ、星の形！」とソーセージや寒天をつまんで見ている入居者には、「かわいいですね。そういえば今日は七夕でしたね」などと、さり気なく暦を思い出すような言葉をかけています。

メニュー❶

七夕そうめん
- そうめん
- 市販の錦糸卵
- 鶏ササミ
- オオバ
- オクラ
- 長ネギ
- パセリ
- キュウリ
- 魚肉ソーセージ（星形に型取る）

マグロの和風カルパッチョ（大皿）
- マグロの刺身（さく）
- 刻みのり
- 万能ネギ

いなり寿司
- ご飯
- 甘酢ショウガ
- 味付け油揚げ

ニースふうサラダ
- ジャガイモ
- ゆで卵
- プチトマト
- インゲン
- アンチョビ（缶）
- 焼豚
- プリーツレタス
- スイートコーン
- ドレッシング

フルーツポンチ
- ミカン缶
- モモ缶
- パイナップル缶
- チェリー缶
- 寒天（緑・青、星形に型取る）
- サイダー

※七夕そうめん、いなり寿司、ニースふうサラダは大皿に盛る。そうめんは食べやすいようにひと口ずつ束にまとめる。

※フルーツポンチは、グラスに一人前ずつ盛り、テーブル中央にまとめてセッティングする。

メニュー❷

鶏肉のから揚げタルタルソース
- 鶏もも肉
- 卵
- キャベツ
- 白ワイン

カボチャとロースハムのチーズ焼き
- 冷凍カボチャ
- 冷凍ブロッコリー
- ロースハム
- チーズ
- 牛乳

カブとエビのサラダ
- カブ
- むきエビ
- 白ワインほか

ピラフ
- 炊き込みピラフの素
- お好みでニンニク

冷製トマトスープ
- トマト
- 生バジル
- オクラ＝種を抜き星に見たてる

シャーベットとアイスクリーム
- マンゴー
- バニラ
- 飾り用チョコレート5色
- ウェハース
- ミントの葉

9月 サンマ焼きとクリごはん

秋の味覚で手軽で人気なのは、サンマ・キノコ・サツマイモ・カキです。クリご飯用のクリは、みんなでクリ拾いをさせてもらったときのもの。入居者にも手伝ってもらい、クリご飯を準備します。サンマは、バーベキューセットで炭火焼きにします。配ぜんが整ったところへ焼き上がった熱々のサンマが届き、デザートのカキまで、秋の味覚を存分に味わいます。

メニュー

サンマ
- サンマ ● ダイコンおろし ● スダチ
- ハジカミ添え

高野豆腐の含め煮
- 高野豆腐 ● エビ ● ニンジン ● インゲン
- シイタケ ● タケノコ水煮 ● オクラ

サツマイモとレーズンのレモン煮
- サツマイモ ● レモンスライス ● レーズン
- レモン果汁

シイタケと有頭エビの炊き合わせ
- 高野豆腐 ● 有頭エビ〈中〉
- 花ニンジン ● 干しシイタケ

しば漬け
- 市販品

クリご飯
- ご飯 ● クリ ● シメジ ● マイタケ

すまし汁
- 手毬麩 ● 紅葉麩 ● シメジ

フルーツ
- カキ ● ブドウ ● リンゴ ● パセリ

ソフトドリンク
- 炭酸ジュース ● 果汁ジュース
- ホット麦茶

10月 秋のバーベキュー

天気がよい日は中庭にテーブルを出してバーベキューです。目の前の鉄板で焼き上がったキノコやサツマイモなどの季節の食材を、バーベキューやピクニック用に準備している紙皿と割りばしで食べます。バーベキューは準備と後かたづけに時間がかかることから、配ぜんと食器洗いをなるべくシンプルにするため、使い切り食器等を利用しています。

メニュー

焼肉とフランクフルト・ウィンナーとハンバーグ・ピザ・海の幸
- 牛焼肉用 ● 豚カルビ ● フランクフルト
- ウィンナー ● 冷凍ミニハンバーグ
- 焼肉のたれ〈甘口〉 ● 焼肉塩だれ
- イカ ● ハマグリ ● ピザ

焼き野菜・きのこ
- タマネギ ● ピーマン ● ナス
- カボチャ ● エリンギ、シイタケ

しば漬け
- 市販品

焼きイモ
- サツマイモ

焼きそば
- 焼きそば ● キャベツ ● ニンジン
- ピーマン ● タマネギ ● あげ玉 ● 青のり
- カツオブシ ● 焼きそば用ソース
- 豚小間切れ

おにぎり
- 米 ● 混ぜ込みおにぎり用ふりかけ
- のり、タクアン

フルーツ盛り合わせ
- バナナ ● キウイフルーツ
- グレープフルーツ

12月 クリスマスパーティ

クリスマスの人気メニューは、なんといっても「ローストチキン」と「ローストビーフ」。スタッフが料理教室で研修し、料理本などを参考にするうちに、すっかりクリスマスの定番となりました。毎年、肉の種類や付け合せの野菜、スパイスやハーブ、焼き加減などをホーム流にアレンジしながら、その時期の入居者とスタッフの状況によって、調理方法や盛り付け方を工夫しています。

ローストチキンが焼き上がり、ダイニングテーブルの上には彩りも華やかな料理が並びます。入居者はいつもとは違う食卓に「あら～すごい豪華！私もよばれていいの？」などと少々とまどいながらもワクワクした感じでそれぞれの席に着き、シャンパンやノンアルコールカクテルで乾杯し、パーティが始まります。

メニュー ❶

シャンパン、ノンアルコールカクテル各種

オレンジ＆ハチミツのジンジャーエール
- オレンジ ● レモン ● ハチミツ
- 炭酸水 ● ミントの葉

フレッシュ野菜の前菜
- 焼きカブ ● チコリ ● セロリ
- キュウリ ● ラディッシュ ● バケット
- アンチョビソース

豚フィレのロースト
- 豚フィレ肉 ● タコ糸 ● ローズマリー
- ニンジン（グラッセ） ● バター
- マッシュポテト ほか

ローストチキン
- ローストチキン用丸鶏 ● ジャガイモ
- ニンジン ● ハーブソルト ● パセリ
- クレソン ● レモン ● ローズマリー

パン
- ロールパン ● バケット

パスタグラタン
- パスタ ● ホタテ（ボイル）
- 冷凍ブロッコリー ● ニンニク
- ホワイトソース ● チーズ ほか

イチゴのミルフィーユ仕立て
- 手作り

クリスマスケーキ
- 市販品

コーヒー・紅茶

メニュー ❷

シャンパン、ノンアルコールカクテル各種

海の幸のカナッペ
- 食パン ● バケット ● ガーリックバター
- カブとマグロのカルパッチョ
- エビのアボカドペースト ● イタリアンパセリ

野菜たっぷり彩りポトフ
- タマネギ ● ニンジン ● セロリ
- オクラ

ローストチキン
- ローストチキン用丸鶏 ● ジャガイモ
- ニンジン ● ハーブソルト ● パセリ
- クレソン ● レモン ● ローズマリー

シーフードパエリア
- パエリアの素 ● エビ（大） ● 殻付アサリ
- イカ ● ニンニク ● パプリカ（赤・黄）
- ピーマン（緑）
- マッシュルーム水煮（スライス缶）

ローストビーフのマリネ
- 牛もも肉 ● ニンニク ● ワイン（白）
- 長ネギ ● ミツバ ● ミズナ ● タマネギ

フルーツの盛り合わせ
- お好み

クリスマスケーキ
- 市販品

コーヒー・紅茶

食材選びと保管

　食材は栄養価が高くておいしいのはもちろん、安全なものを使いたいもの。また、流行の食材をたまに使ってみると目先が変わって喜ばれます。

地元のもの

　グループホームは地域密着型であり、入居者の多くは地元での生活経験があります。その土地で昔らから作られてきた農作物や果実、地元の海や湖、山の幸などを日常の食事に取り入れることで、なじみのある味にホッとしたり、記憶を呼び覚ましたりすることもあります。地元の名産品になると値が張りますが、規格外品や傷のある家庭用を調理方法の工夫や早めに使うなどすれば、おいしいものを予算内で調達することも可能です。

旬のもの

　お取り寄せなどで季節を先取りして早生(わせ)のものも楽しむことができますが、予算を考えるとそうもいかないこともあります。野菜も果物も魚も、季節を問わず冷凍食品や加工品に助けられるグループホームの調理ですが、そんな中でも、春夏秋冬の季節を思い起こせる「入居者さんが昔から食べていた食材」の旬を取り入れることを大切にしていきたいのです。

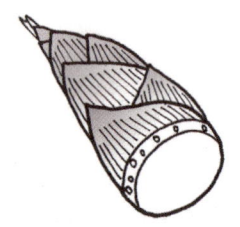

流行のもの

　人はだれでも身体になじんだ懐かしくホッとする料理や味があります。それとは別に「これは何？　初めて食べる。でもおいしいね」「若い人たちが食べてるものでしょう？」と、驚きや興味を感じられるものも時々取り入れてみてもいいでしょう。「街やテレビで流行のもの」を話題にすることもごくしぜんなことです。

困ったときの食材

　グループホームでは、入居者の心身の状況によっては買い物に出られなかったり、ゆっくりと買い物ができないときがあります。また天候等で欲しい食材が品薄や欠品ということがあります。そんなときのために、食在庫には、米・調味料・乾物・缶詰（野菜・果物・スープ）・粉類・レトルト食品・飲料・水・インスタント食品・菓子などが、冷凍庫には冷凍野菜・冷凍惣菜・冷凍揚げ物・アイスクリームなどがストックされていると便利です。

＊賞味（消費）期限のチェックを忘れずに

　限られた予算で購入した食材を、無理せずむだなく安全に使うためには、商品ごとに記載された保存方法での保存と、開封後に使い切れないものの保存と残量の確認、賞味（消費）期限のチェックを定期的に行なうことが必要です。また、常温保存のストック食材についても、数量の過不足を確認し、今後のメニューと照らし合わせて補充することでむだになりません。

料理のプロに学ぶスタッフ研修

入居者の食生活をより豊かにするために、スタッフがセンスと技術を磨くことは大切です。気軽に、料理のプロから学べる方法があります。ぜひ参考にしてください。

●料理教室に参加する

スタッフに女性が多いため、食事作りに家庭の味や家庭の作り方が反映されることも少なくありません。それを生かしながら、グループホームの味や入居者さんに食べてもらえる食事作りを考えることも必要です。そこで、スタッフ研修として「（一般向け）料理教室」へ参加するのもひとつです。高齢者向けや介護食の講座もありますが、まずは一般向けの教室に参加することで、ひととき仕事を忘れて、おいしいものを作って食べることを楽しむ時間を持つことができます。そのうえで、このおいしさをどうやって入居者に伝えられるか、グループホームのキッチン、調理道具、予算でどうすれば実現できるかをあれこれ考えてみる、そんな料理教室への参加のしかたもあります。

●レストランで学ぶ

メニューを見てもその料理を食べたことがないスタッフにはどんな料理なのか想像できません。また、カッティングや盛り付け方、食器選びを工夫することによって、料理が引き立つということも、スタッフ自身の生活での経験がなければ、すぐには理解に結び付きません。そんなときにはプロの仕事に学ぶのがいちばんです。ホテルのビュッフェであれば、そのホテルの定番といわれるメニューのほかに彩りと季節感あふれる料理が盛りだくさんです。ビュッフェは多くの種類の料理が小さくおしゃれに盛り付けられており、グループホームの食事を考えるときにとても参考になります。「この料理を食べてみたい」「きれいだから手に取ってみたい」「おいしかったからもうひとつ食べたい」と思うものはどんなものか考えます。その時々にテーマを決めてお店を選び、店内の雰囲気や接客、テーブルセッティング、食器類、彩りや盛り付け、食材・量・温度・香り・味に至るまで、研修として食事をすると、プライベートでの食事と違って、視点が変わってきます。お店によっては、こちらがグループホームでの食事作りにかかわっていることを知ると「高齢者や歯の弱い方にはこんな調理方法もある」「リーズナブルに調理するならこの食材でもよい」「スピード調理にはこんな方法もある」などのアドバイスをくださるレストランのスタッフもおり、今でもグループホームではプロのアドバイスがさまざまな場面で生かされています。

おやつ作り
作って食べて楽しいひとときを

　グループホームによっては、食事は配達だったり、冷凍食品を中心に利用して調理したりしているところもあるでしょう。その場合でもおやつは手作りすることをお勧めします。凝ったものでなくて、市販品やグループホーム内に常備してあるものを使い、1時間ほどでできるものでかまいません。業務時間内でできるのでスタッフの負担も軽く、入居者にも喜んでもらえます。ぜひ試してみてください。

市販のホットケーキミックスを利用したおやつ

おやき（タカナおやき・カボチャおやき）

●材料（9人分）
- ホットケーキミックス ……………… 300g
- 卵……1個　水……大さじ2
- サラダ油、薄力粉 ………………… 適宜
- タカナおやき：タカナ漬、ゴマ油、しょうゆ
- カボチャおやき：冷凍カボチャ1袋、砂糖

ポイント
- あんの種類を工夫したり、軽食としても活用したりできる。
- 入居者が、蒸す前の丸めた生地を口にする場合もあるので、誤飲のないように見守る。

●作り方
1. タカナ漬は水気を絞り、食べやすい大きさに刻み、ゴマ油で炒め、しょうゆで味を整える。冷凍カボチャは解凍し、小さく切り、砂糖を加えて混ぜる。
2. ホットケーキミックスに卵と水を加え混ぜ、耳たぶくらいの硬さになったら、ゴルフボール大にまとめ、薄力粉を敷いた皿の中で転がしながら丸くする。
3. 2の中央にくぼみを作り、高菜またはカボチャあんを入れて包み、手のひらの上で平らに形を整えて蒸し器で蒸す。
4. フライパンにサラダ油を引き、蒸しあ上がったおやきの両面に軽く焼き目を付ける。硬くなるので焼きすぎに注意。

ミニどら焼き

●材料（9人分）
- ホットケーキミックス ……………… 200g
- 卵……1個　水（あれば牛乳）……100ml
- しょうゆ・みりん・ハチミツ　各大さじ1
- アズキ缶 ………………………… 大1缶
- サラダ油 ………………………… 適宜

ポイント
- 食べにくい場合は、完成したミニどら焼きをサイの目にカットしたり、温めた牛乳に浸すなどの工夫をする。
- アズキの粒が口の中や入れ歯に残ることがあるので、食後にはうがいをする。

●作り方
1. ホットケーキミックスに卵と水（または牛乳）を混ぜて生地を作り、しょうゆ、みりん、ハチミツを加える。
2. ホットプレートの上にサラダ油を引き、1をすくって直径10cm程度の円形に焼く。表面に孔があいてきたらひっくり返し、片面はこんがり、反面は火が通る程度に焼き、焼きあがったら皿に取り、粗熱を取る。
3. ボールにアズキ缶を空け、ラップを掛けずに電子レンジで温めて水分を飛ばす。途中でアズキを混ぜながら、何回かに分けて温める。
4. 生地に小さじ1のあんを載せ、もう1枚を載せてあんを挟む。

カップケーキ

●材料（9人分）

ホットケーキミックス… 200 g
卵……………………… 2個
牛乳…………………… 120 ml
溶かしバター………… 大さじ2
砂糖…………………… 50 g
ココア（粉）………… 大さじ3

ポイント
- 紙カップが付いていることに気づかない場合は、紙を外して食べることを伝える。または、必要に応じてあらかじめ紙を外しておく。
- チーズや、野菜のペースト、ドライフルーツなどで作って、軽食としても楽しめる。

●作り方

1 市販のホットケーキミックスに卵と牛乳を混ぜ、溶かしバターと砂糖を加え、さらに混ぜる。

2 1の生地の5分の1程度を別のボールに取り、ココア少量を入れて混ぜる。

3 人数分の紙カップ（8号）を用意し、1を紙カップの半分まで入れる。その上に2のココア生地をスプーン1杯程度落し、スプーンの柄で渦巻きマーブルを描くように混ぜる。

4 温めた蒸し器に生地を並べる。生地に水滴が落ちないように、蒸し器本体の片側の縁にさいばしを置き、斜めにふたをする。（ふたに傾斜をつけることで、ふたの裏に付いた水滴が鍋の外に落ちる）途中で、竹ぐしを刺し何もついてこなければでき上がり（蒸し時間10～15分）。カップを大きめの皿に移し、冷ます。少し温かいとおいしい。

バナナクレープ

●材料（9人分）

ホットケーキミックス……… 100 g
卵……………………………… 1個
牛乳（または水）………… 200 ml
溶かしバター……………… 大さじ2
砂糖………………………… 大さじ1
チョコレートクリーム・バナナ各適宜
サラダ油…………………… 適宜

ポイント
- 盛り付け見本を用意し、自分でできる人には、自由に盛り付けてもらう。
- トッピングに生クリーム、チョコスプレッド、フルーツ各種、アイスクリーム、フルーツソースなどを用意してもよい。

●作り方

1 市販のホットケーキミックスに卵と牛乳または水を混ぜ、溶かしバターと砂糖を加え、さらに混ぜる（ホットケーキを作るときの2倍の水分量）。

2 ホットプレートにサラダ油を引き、1を3～4箇所に流し、直径15 cm程度になるように、おたまの背で円を描くように伸ばす。色が変わり始めたら、バターナイフで生地の縁をはがして裏に返し両面を焼く。焼けたら、皿に移して粗熱を取る。

3 バナナを3～5mmにスライスする。小鉢に入れたチョコレートクリームを電子レンジで温め、時々かき混ぜながら、トロトロにする。

4 1枚のクレープの半面にスライスしたバナナを並べ、チョコレートクリームを掛ける。好みで、半分または4分の1に折って皿に盛り付ける。

団子粉を使ったおやつ

みたらし団子

●材料（9人分）
団子粉 …………………… 1袋
水・砂糖・しょうゆ・ハチミツ・片栗粉
 …………………… 各適宜

●ポイント
・ほんのり湯気がたつくらいの温かさがおいしく柔らかい。
・ゆで上がった団子に焼き目を付けても香ばしい（硬くなるので注意）。
・しょうゆ味のほか、黒すりゴマあん・アズキあん・黒蜜でもおいしい。
・くし団子にする場合は、食べる際に竹ぐしでのけがに十分に注意する。
・スプーンや黒文字、はしを用意する。

●作り方
1 市販の団子粉に水を加え、耳たぶくらいの硬さに練る。生地を適当な大きさにちぎり、丸める。
2 1をゆで、上にあがってきたものから冷水に取ってさらし、ざるに上げる。
3 鍋に、水・砂糖・しょうゆ、ハチミツを入れ、弱火で煮てたれを作る。たれが好みの味になったら、水で溶いた片栗粉を入れ、とろみを付け、火を止める。
4 人数分の器に団子を適量入れ、3のしょうゆだれを掛ける。

卵と牛乳を使ったおやつ

蒸しプリン

●材料（9人分）
牛乳 …………………… 1ℓ
卵 …………………… 10個
砂糖 …………………… 大さじ3
バニラエッセンス … 2〜3滴
カラメルシロップ（砂糖大さじ4、水少量）

●ポイント
・牛乳は成分無調整タイプを使用。低脂肪タイプは固まりにくいので避ける。
・同日の食事内容との調整を行なう。
・牛乳と卵が余ったときや特売日などのおやつに。

●作り方
1 卵を泡立て、牛乳・砂糖を入れて混ぜる。バニラエッセンスで香りを付ける。
2 耐熱皿に1を流し入れ、温めた蒸し器に入れて蒸す。竹ぐしを差して透明な液が出てきたら火を止める。
3 鍋に砂糖と水少量を入れて加熱する。色が茶色になったら、焦がさないようにゆっくり混ぜながら、あめ色になるまで煮詰める。
4 人数分の器に2をスプーンですくって入れ、カラメルシロップを掛ける。

余ったごはん・冷凍ごはんを使ったおやつ

おはぎ

●材料（9人分）
余ったご飯や冷凍ご飯 … 適量
きなこ・砂糖・塩 ……… 適宜
アズキ缶 ……………… 大1缶

ポイント
・ご飯の粒をつぶしすぎると、のり状になりまとまらず食べにくくなるため、つぶしすぎないようにする。
・おはぎの形は地域によって異なる。好みの大きさに丸める際に、故郷や実家で食べた形や味について話題になる。
・きなこやアズキのほかにも、黒すりゴマとアズキあんなどでもおいしい。
・はしやフォーク、黒文字を用意する。

●作り方
1 ご飯を耐熱容器に入れ、電子レンジで温め、粒が残る程度にすりこぎ棒でつぶす。
2 **1**を好みの食べやすい大きさに丸める。
3 ボウルにきなこ（無糖の場合）と砂糖と塩少々を入れて混ぜ、好みの甘さにする。**2**をボウルの中で転がし、きなこをまぶす。
4 耐熱ボウルにアズキ缶を入れ、電子レンジで温め、時々混ぜながら、水分を飛ばす。**2**にアズキあんを付ける。

ずんだ団子

●材料（9人分）
余ったご飯や冷凍ご飯……適量
エダマメ・砂糖・塩……適量

ポイント
・ご飯以外に、団子粉を使ってもよい。
・エダマメの時期は枝付きのものを用意し、房取りから始める。エダマメの枝や皮をかたづけず、ずんだ団子が完成するまでの調理過程が見られるようにしておくと、自分で作ったことを忘れた人も、会話の中で思い出すきっかけになる。
・小皿に盛り付ける際、季節の葉を添えたり、小皿の色を工夫したりすると、ご飯（しろ）・エダマメ（きみどり）とのコントラストが美しい。

●作り方
1 ご飯を耐熱容器に入れ電子レンジで温め、粒が残る程度にすりこぎ棒でつぶす。
2 **1**を食べやすい大きさに丸める。
3 エダマメをゆで、豆の薄皮を取り、フードプロセッサーでなめらかにする。ボウルにエダマメと砂糖（味を見ながら好みの量）、塩少々を入れ混ぜる。
4 人数分の小皿に団子3～5個を入れ、エダマメあんをかける。

食を通したケアプラン実例 ❶
通所介護 澤 鶴子さんの場合

澤 鶴子さん（71歳）のプロフィール

　夫が61歳で亡くなったあとは、独り暮らし。友人の仕事の手伝いや図書館での読み聞かせなどボランティア活動を続け、季節ごとにひとり旅を楽しむなどしていた。60歳のとき、近所に住む次女夫婦と同居。共働きの夫婦に代わり、2人の孫のめんどうを見る生活が始まる。66歳のとき、次女が仕事を減らし、家にいる時間が増えたことで孫の世話と家事の負担が軽減したものの、そのころから、認知症の症状が出始める。かかりつけ医に相談したところ、介護保険サービスの利用を勧められ、介護認定を受ける。

ケアプラン

　「通うなら最初から週3回がいい」という本人の希望もあり、月・水・金をデイサービスに通い、木・土は長女と過ごし、隔週火曜日のペン習字は続けるという生活が始まった。

　澤さんが選んだデイサービスは小規模で認知症の有無にかかわらず申し込みが可能。食事作り（昼食やティータイムのメニューを入居者とスタッフで決め、買い物から調理までかかわる）、園芸活動（花壇やプランターを利用した花と野菜作り）が特徴。

　デイサービスの担当者は、澤さんの自宅を訪問し初回アセスメントを実施しながら、次女に手渡された【おばあちゃん（澤さん）オリジナルレシピカード】のファイルを見せてもらった。

　澤さんは、"孫のための手作りおやつ・次女夫婦の夜食メニュー・旅先で食べた駅弁をアレンジしたお弁当・酒の肴"を書きためたファイルの思い出を、時々、次女に補足してもらいながら担当者に楽しそうに話した。

　澤さんと家族がデイサービスを希望する理由は、「日中の居場所が欲しい」「だれかのために何かをする時間をもちたい（持ってもらいたい）」であり、それによって「頭と身体を使い、生活にリズムを付けて楽しく暮らす」という効果を期待していた。

　これらの希望と、これまで小泉さんが担ってきた「家族のための料理作り」の経験と技を合わせてデイサービスでの活動の中心としながら、食につながる園芸活動（野菜作り）も取り入れたサービス提供を小泉さんと家族に提案し、通所介護計画の作成を行なった。

食を通したケアプラン実例 ❷
特養ユニット 松本 桃子さんの場合

松本 桃子さん (89歳) のプロフィール

　平成21年2月、脳梗塞を発症。軽度の左片麻痺の後遺症が残る。平成21年3月に要介護1と認定され、約6か月通所リハビリに通う。平成21年12月、養子である息子が事故で障がい者となったことから自宅の改築を行なった。改築後の家で生活を始めた直後から環境変化にとまどい、物忘れ・物の置き忘れ・トイレの場所がわからない等の症状が出現。平成22年1月、トイレ内で転倒し、骨折のため入院。退院時は車イスで移動する状態で、平成22年3月の介護更新認定で要介護3と認定された。同居の実妹は病弱で介護が必要な状態であり、息子の妻は3人を介護しながら仕事を続けていた。が、松本さん本人の希望で特養入所を申請した。

ケアプラン

　平成23年9月10日　特養入所。入所後は「何事にもチャレンジする働き者の松本さん」として、他入所者や職員に親しまれ、ユニット内であれば杖歩行が可能なまで回復。「食べることがいちばん好き」と言いながら、率先して昼・夕食の準備、炊飯や汁物の調理、後かたづけなどを行ない、ユニットでは食に関する場面で活躍の場が多く、頼られる存在だった。外泊時に保存食品（ドライフルーツ、コンフィチュール　など）を作るなど、入所後も家族の中で役割を持っていた。
　平成23年12月、トイレ内でバランスを崩して転倒し、右大腿骨頸部骨折のため入院。入院中は、ひとりでベッドから降りて歩こうとする、自分がどこにいるのか理解できない、食事摂取量低下という状態が見られた。
　平成24年2月、退院し特養ホームに戻る。平成24年2月、更新認定で要介護3と認定されたことを受け、松本さん及び家族、職員が集まり、カンファレンスを行なった。松本さんの不安は①足が不自由で自由に行動できない②物忘れの自覚から、この先、今までできたこともできなくなるのではないか③家族への思い、だった。家族は、松本さんが少しでも自信を取り戻せるようなサポートをしたいと希望し、松本さんが長年大切に育ててきた果樹園の果実を使った調理を続けることはできないか、という提案を受ける。松本さんの快諾を受け、ユニットで調理に興味を持つ他入所者や職員の楽しみにもつながる調理を盛り込んだ（退院直後の簡易的な施設サービス計画を経て）新たなサービス計画を作成した。

> 要介護 2

澤　鶴子さんの通所介護計画書

> 通所介護計画書の様式は事務所によってさまざまです。ここではオリジナル様式を使って紹介しています（タイムスケジュール表は省略しています）。

通所介護計画書

作成理由

初回・見直し【短期目標・状態変化・退院】・認定更新・区分変更

ふりがな 入居者名	澤　鶴子様	男・㊛	生年月日	M・T・Ⓢ
計画期間	H 24 年　5 月 14 日　～　H 24 年　8 月 31 日			

入居者の希望	家族の
孫が学童保育に行くようになったので、孫の食事のしたくはなくやれやれだが、娘たちが仕事から帰るまで独りでいるのは心細い。買い物へ行ったり昼ごはんを皆で作るデイだと、近所の幼なじみから聞いた。やることがあるのはうれしい。風呂は家で入っているが、夏は汗かきだから、何回入ってもよいかなと思ってます。	孫の世話がなくなり、手持ちぶさたにしせてやりたいと思うが、このところ家の台所の水を出したままにしていることをしてもらうのは心配。姉の家に行かな使って、楽しく過ごしてほしい。

解決すべき課題	長期目標　期間 H 24. 5. 14
日中独りで居るのが心細い。 私にもできることがあるならやりたい。	デイで頭と身体を使って、物忘れの防止にたつ。

居宅介護支援事業所名 〇〇〇〇事業所	担当ケアマネジャー 〇〇〇さん	居宅サービス計画交付　㊲・無

項目	サービスの内容
送　迎	・迎え・送りともに送迎車で対応する。 ・送迎時に自宅玄関の施錠をスタッフが確認する。
身体機能	歩行自立　他ＡＤＬ自立
バイタル 健康面	血圧、脈拍、体温測定（朝来所後に毎回実施）
服　薬	処方薬なし。
サービスセンターでの活動	・他の入居者さんやスタッフとの交流を勧める。 ・ガーデニング活動への参加（玄関とベランダ）。 ・昼食調理での役割をも持ってもらう。 ・体操、音読、デイの「お便り」作成への参加を勧める。

> ペン習字がじょうずなことを生かし、「新たに覚えることは少なく、比較的簡単にできて成功するだろうこと」として、封書の宛名書きをお願いすることにします。

第3章 食を通しての認知症ケアプランの実践｜通所介護計画書

作成年月日　平成24年 4月 27日

昭和 16年 3月 4日（71）才	要介護状態区分	要介護 1 ②　3　4　5
	認定日	H 24 年 3 月 14 日
	認定の有効期間	H 24 年 4 月 1 日 ～ H 26 年 3 月 31 日

希望	利用している他のサービス等
ている母を見ていると、何かさ鍵を掛けずに買い物に出たり、どがあったため、独りで留守番い曜日に、デイで頭と身体を	介護保険のサービスは今回が初めて。 他サービス利用無し。 住区センターで、ペン習字を習っている（3年前から）。
～ H 24. 8. 31	短期目標 期間 H 24. 5. 14 ～ H 24. 8. 31
につなげ、好きな家事で人の役	・初めてのデイなので、まずはほかの人たちやスタッフに慣れることから始める。 ・庭仕事と台所仕事が好きなので、プランター苗植えや昼食調理役をやってみる。
	交付を受けた日　H 24. 4. 17

初めての介護保険サービス利用のため、週3回の決められた時間の外出（デイ）の習慣と、10数名の他人（他利用者・スタッフ）と共に過ごす時間に慣れてもらうことから始めます。利用者の疲労度や緊張、心身の状況等を観察はもとより、家族の疲労度や家庭環境に及ぼす影響等にも配慮します。

目標期間終了前に、モニタリングの日付と結果を記録します。

個別の対応・留意点・その他	評価（評価日：　　　）
自宅のカーポートにバックで車を入れる（ゴミ収集日と重なるため、道路には停車しない）。送迎時、家族は仕事で留守。デニム地の小ボストンバッグに連絡ノートと着替えが入っている。玄関の鍵は本人が閉め、スタッフが確認する（送迎共に）。車酔いなし。	
慌てたり、外で友達の姿を見かけると、小走りになることがある。 外出時段差に注意する。	
自宅で起床時に、血圧と体重を測っている。デジタル表示に慣れているので、数値を読みスタッフに伝えてもらう。外出時段差に注意する。	
老人健診とかぜぎみのときにかかりつけ医を受診する。	
・ほかの入居者さんやスタッフとの交流を勧め、慣れてもらうことから始める。 ・5月から「緑のカーテン作り」「花苗植え」を行なうので、一連の流れを説明した後に、希望も考慮して役割を持ってもらう。 ・昼食調理をスタッフと共に行なう。材料切り・IH調理器での調理・食器選び。 ・人数分に分けて盛り付け・後かたづけのすべてまたは日によっていずれかをお願いし、横でスタッフが声をかけながら行なってもらう。 ・グループ作業やレクに参加を勧める。 ・趣味のペン習字を生かし、封書宛名書きに誘う。	

・住居周辺の環境や地区によって異なるルール、道路事情など。
・朝の迎え時に利用者が施錠する場合のルール。
・送迎車利用の場合は乗降時や車酔いなど。

みずからできることはお願いすることもひとつです。

123

項目	サービスの内容
サービスセンター外での活動	・ガーデニング用品や種や苗、昼食材料、お茶菓子などの買い物を行なう（ほぼ毎回）。 ・近隣公園、保育所園庭、お花見、紅葉狩りへの参加を勧める（天気のよい日、季節ごと）。
食　事 おやつ 水分補給	・自立 ・12時昼食、常食（禁食、制限なし） ・10時、15時にティータイム ・入浴前後、外出時の外気温に応じた水分補給は随時行なう。 ・2週間分の献立予定表を事前に配布する。 ・昼食は入居者とスタッフで買い物と調理を行ない、皆で食事をする。 ・お誕生日当日は手作りケーキでお祝いする。 ・ティータイム用おやつを手作りする日がある（月8回程度、不定期）。
洗　面 整　容	・一部義歯あり（右奥）　食後の口腔洗浄の声かけ。 ・おしゃれへの配慮。
入　浴	毎回入浴実施
個別機能訓練	

※食事やおやつの提供をするため、アセスメント時にアレルギーや禁食、制限等について確認しておきます。

※あらかじめ献立をたてているため、家庭での食事内容（配食サービス含む）との兼ね合いに配慮する目的で、献立予定表を配布しています。

※入浴後の身だしなみや、外出前の整容への気配りを行ないます。

通所曜日	日	（月）	火	（水）	木
送迎時間	迎え	○○時			送り
介護報酬区分	○○○		○時間以上　○時間未満		

私は、上記事業所が平成　24年　4月　27日に作成した施設サービス計画について説明を受け、

　　署名

　　　　同意年月日　　H　　年　　月　　日

個別の対応 ・ 留意点 ・ その他	評価（評価日： 　　　　）
・機能訓練（買い物：買う物を選ぶ・数量を確認する・レジで支払いをする）（散歩等：下肢筋力低下を防止する・地域との交流を図る・季節感を体感する・幼児とのふれあいで心身の活性化を図る）を目的とした外出活動を行なう。	
・食事制限や好き嫌いがないため、買い物～後かたづけまで、その日の気分や体調を見ながら、活躍できる場面をつくり、「人の役にたちたい」「好きなことを楽しみたい」という希望にこたえる支援を行なう。 ☆２週間分の昼食献立作成ミーティングに参加を勧め、澤さんから季節の味（食材）を挙げてもらい、その料理法をそれぞれが提案する。 ☆朝来所後、昼食の献立とティータイム内容をホワイトボードで確認した後、スタッフと共に、冷蔵庫の中や食材庫の在庫を確認する。売り出し広告に目を通し、買い物を書き出してもらう（買う物メモを作る）。 ☆曜日によって、買い物班か調理準備班の何れかに参加をお願いする。 ☆買い物班：品物を選びカゴに入れる。賞味（使用）期限を見る。レジで支払いをする。おつりを数える。 ☆調理班：料理に合う食器やはし・カトラリーを選ぶ。ランチョンマットを敷く。 調理道具準備～食材洗い～カッティング～調味料準備～加熱調理や冷蔵庫での保冷～人数の確認～盛り付け～配ぜん、飲み物の準備。 調理内容や体調・気分に応じて、どの部分で役割をもってもらうか、その場で声をかけながらお願いする。 ☆後かたづけ、ふきん類の洗濯、余り食材の確認と記録を行なう。	
・ボタンの掛け違い、トイレ後に下着が出ていたり、すそがめくれていることがある。さりげなく声をかけて整える。 ・外出前には眉を描き、口紅を塗る習慣がある。外出予定は時間に余裕を持って知らせる。	
右上腕と右大腿部に火傷の跡がある。温泉ではタオルで隠している。 本人は「気にしてもしょうがない」とのことだが、浴用タオルを別途用意し、手渡す。着脱時や浴室内でようす観察し、随時対応する。	

	金	土	毎週・隔週	【その他：８月の火～木にショートステイ利用予定あり（２泊×２回）】
	○○時	【その他： 　　　　　　　　　　　　　　】		
加算	入浴介助加算		個別機能訓練加算Ⅰ	

その内容に同意し、交付を受けました。

署名

要介護 3 松本 桃子さんの施設サービス計画書

施設サービス計画書 ❶

厚生労働省の指定様式「施設サービス計画書」第1表・第2表を使って紹介します。

入居者名　松本 桃子　殿　　生年月日　大正 12 年 3 月 15 日

施設サービス計画作成者氏名及び職種　　○○　介護支援専門員・介護員

施設サービス計画作成（変更）日　平成 24 年　2 月 28 日

認定日　平成 24 年　2 月 12 日

要介護状態区分	要支援 2 ・ 要介護1 ・ 要介護2 ・
入居者及び家族の生活に対する意向	（入居者）退院してホームに戻ってこられてよかった。もう骨由にできずにもどかしい。でも、もう転ばないよう前はこんなじゃなかったのに、いろんなことを忘れしくお願いします。 （家　族）慣れた場所へ帰ってこられてホッとしました。骨折がは無いほうがよいのですが、再骨折のリスクは承ので、いつでも言ってください。よろしくお願い致
介護認定審査会の意見及びサービスの種類の指定	特になし
総合的な援助の方針	本人の、骨折前の状態に戻りたいという気持ちに沿って、リハトイレでひとりで立とうとして、再転倒などの危険も考えられ動を支えるようにする。 また、思い出せないというもどかしさや、不意に手順がわからとの交流によって、心安らぐ時間を過ごすことができるような張りを感じてもらう。

私は、上記事業所が平成 24 年 2
平成　　　年　　　月

126

食を通しての認知症ケアプランの実践｜施設サービス計画書　　第3章

作成年月日　平成　24　年　2　月　28　日

初回　・　紹介　・　(継続)　　(認定済)　・　申請中

住所

施設サービス計画作成介護保険施設名及び所在地　　特別養護老人ホーム△△園

初回施設サービス計画作成日　　平成　23　年　9　月　8　日

認定の有効期間　平成　24　年　3　月　1　日　～　平成　25　年　2　月　28　日

(要介護3)　・　要介護4　・　要介護5

折しないように気をつけて生活するようにと、皆から言われたが、トイレやお風呂が自分の自
に、リハビリをして早く治したい。病院で寝てばかりいたら、頭がおかしくなってしまった。
てしまうし思い出せない。妹のことも気にかかるし、自分がどうなっていくのかも心配。よろ

したことを忘れてしまったのか、入院中、ひとりで動こうとしたことがありました。今後もけ
知しているので、なるべくできることは本人にやらせてほしい。家族ができることは協力する
します。

骨折で入院し特養ユニットに帰ってきましたが、利用者の「前はこんなじゃなかった……心配」という気持ちが前面に表れています。慣れた場所で以前のような生活スタイルに近づけるように支援すると同時に、「この先の自分が不安」な気持ちを受け止めることが大切な時期です。

ビリと自主トレーニングを行なっているが、安定した立位保持には時間を要する。
るが、日々の観察によって声かけと介助のタイミングをつかみ、がんばろうとする気持ちと行

なくなる不安な気持ちに耳を傾けることで、ユニットでの生活に安心感を持ってもらい、家族
援助を行なう。また、これまでの生活習慣や家事の一部をユニットでも行なうことで、生活に

月　28　日に作成した施設サービス計画について説明を受け、その内容に同意し、交付を受けました。
日　　入居者氏名
　　　家族氏名

127

施設サービス計画書 ❷

施設サービス計画書 ❷

入居者名　松本 桃子　　　殿

生活全般の解決すべき課題 （ニーズ）	目標		
	長期目標	期間	短期目標
トイレの利用や入浴に介助が必要である。 ひとりで自由に生活したいが、足がしっかりしていないので、転んでまた骨折するから危ないと言われている。 （骨折前は杖歩行でトイレは日中自立、入浴は個浴利用）	見守りというときの手助けがあれば、立ち上がりとつかまり立ちが、ひとりでできるようになる。	2012/3/1～ 2013/2/28	リハビリの時間と、リビングでの自主トレーニングを毎日行ない、立ち上がりとつかまり立ちが、安定するようになる。 トイレに行った際には、ドアを閉める前に、必ず職員にひと声かける。
最近、いろんなことが思い出せない何をしたらいいのかわからなくて不安だ。	忘れないように、思い出せるように、書いておく。	2012/3/1～ 2013/2/28	忘れそうなことは、カレンダーと紙に書き、困ったらそれを見る。 不安を感じたときは、すぐに職員に声をかける。
ホームで何もすることがないと、今までできていたことも出来なくなるかもしれない。 （家族も同様の思い）	30代から続けている自家製の果実酒や果物を使ったコンフィチュール（ジャム）作りを続ける。	2012/3/1～ 2013/2/28	家族、職員の協力を得てレシピを作成する。 作り方を他者に教える。 家族は、季節ごとの果実と材料を用意する。 本人をサポートする。

※ 利用者の「この先の自分が不安」という気持ちが、「何かをしていないともっとできなくなるかもしれない」という焦りを生じさせています。

施設サービス計画書 ❷

入居者名　松本 桃子　　　殿

生活全般の解決すべき課題 （ニーズ）	目標		
	長期目標	期間	短期目標
食事摂取量を今より増やす好きな物を食べたい。 （病院食を好まず、家族差し入れを食べることが多かった）	動けるようになるために、3食合計で、7割を目標に食事をとる。	2012/3/1～ 2013/2/28	動けるようになるために、3食合計で、7割を目標に食事をとる。 家族の面会時には、家族といっしょに、軽食やおやつを楽しむ。
妹のことが心配。 （入居前に同居していた妹が、12月から併設のデイへ通所するようになった）	定期的に会って、お互いの健康や近況を確かめる。	2012/3/1～ 2013/2/28	妹がデイに来る日は、 ○デイサービスセンターへ会いに行き、見送りをする（水曜日）。 ○迎えに来た家族と共にユニットに寄ってもらい、部屋でお茶を飲みながら話す（土曜日）。 妹がショートステイで泊りに来たときは、どちらかのユニットでいっしょに食事をする（昼食～15時）。

第3章 食を通しての認知症ケアプランの実践｜施設サービス計画書

作成年月日　平成　24 年　2 月　28 日

期間	援助内容			
	サービス内容	担当者	頻度	期間
2012/3/1～5/31	・立ち上がりや移乗（車イス～ベッド・便座、イスなど）の際に、声かけ・腰を支え・勢いよく座らないように注意する。 ・入浴はチェアー浴からスタートし、状態を見ながら個浴利用へ移行する。 ・月5回のリハビリ（個別・グループ）で訓練と指導を受け、リハのない日は、職員観察の元、リビングの手すりと平行棒を使った自主トレを実施する。 ・トイレに入って、ひとりで立ち上がろうとすることがある。車イスを自走してトイレまではひとりで行くため、その後の介助を行なう。	職員 職員 PT／OT 職員	随時 毎日 リハビリ日 トイレ使用時	2012/3/1～5/31
2012/3/1～5/31	・家族が準備したカレンダーとノート類に、週間スケジュールを書いてもらう。 ・書く・読むが億劫でなくなってきたときを見計らい、入院前に書いていた日記の再開を勧める。 ・不安そうな表情が見られたときには、こちらから声をかける。	職員 職員 職員	毎日 適宜 適宜	2012/3/1～5/31
2012/3/1～5/31	・自宅で採れた梅の実を使って梅干・梅酒・コンフィチュール作りをする。 ・材料と作り方を書いたレシピを作成し他入所者にも教える。 ・ヤマモモ、ビワ、ミカン、カキ、キウイ等も畑で実る。家族が持参するので季節ごとの果実酒やコンフィチュール作りを楽しむ。	家族 本人 他入居者 職員	季節ごと	2012/3/1～5/31

※ 退院後のようす観察のため、期間の設定を3か月にしています。

※ かつて果樹園を営んでおり、現在も家庭用に果実を育てています。利用者が毎年欠かさずに作っていた果実酒やコンフィチュールを、「これからも作ることができ、それを心待ちにしている人がいる」という場を提供（設定）しています。キッチンの設備があり、栄養科の協力が得られる特養のユニットの環境を生かしています。

作成年月日　平成　24 年　2 月　28 日

期間	援助内容			
	サービス内容	担当者	頻度	期間
2012/3/1～5/31	・温かい飲み物や汁物は、熱いものを好む。自身で温度調節しながら食べられるため、声かけしながら適温提供をする。 ・入院前は昼夕食の炊飯と汁物の準備を手伝っていたので、卓上でできる食材のカットや調理、浅漬け作り、味見役をお願いする。 ・家族は面会時に持参し、本人が食べた品と量を、職員に伝える。 ・月2回の買い物に誘う。	職員 管理栄養士 本人 家族 職員	食事時 お茶タイム 昼・夕食準備時 面会時 買物日	2012/3/1～5/31
2012/3/1～5/31	・デイの見送り15分程前に、本人といっしょに、散歩を兼ねてデイサービスセンターへ出かける。 ・家族が妹さんを迎えに行き、その足でユニットに寄ってもらう。 ・ユニットの職員間で打合せし、状況に応じていずれかのユニットで、いっしょに過ごすことができるように工夫する。 ・その際は、ユニットごとに食事内容が異なる場合があるため、事前に栄養科への連絡と相談をする。	本人 日勤者 家族 妹 各ユニット 職員 妹 栄養科職員	水曜日 土曜日 妹さん ショート ステイ時	2012/3/1～5/31

※ できるだけ食べる直前に器に盛り付ける・配ぜんすることで、「温かい食事」「冷たくして食べるもの」への配慮ができ、おいしく食べることにつながります。

※ この利用者は、家族の協力が多く得られるため、家族と共に利用者を支える計画になっています。

129

静香さんを癒す甘い温かい飲み物
～あるグループホームでの出来事～

スタッフルームの扉は廊下のようすがわかるように、また入居者さんが気軽に中をのぞいて訪ねられるように、いつも少しだけ開けておきます。

ある日、聞き慣れた足音がスタッフルームの前で止まり、扉がゆっくりと開きました。入居者の静香さんが困ったような泣きそうな顔で立っています。

パソコンに向かうスタッフを見て、小さく「あら……」とつぶやき再びドアを閉め、来た方向へ戻ります。しかしすぐにUターンしスタッフルームの扉を開け、「探したのよ、ここにいたの？」と少し涙声で部屋へ入り、差し出したスタッフの手をギュッと握ります。

スタッフは「静香さん、こんにちは。少し前に帰ってきました。お部屋へ伺うのが遅れてごめんなさい」と声をかけ、そっと手を握り返しながら顔をのぞき込むと、静香さんは「もう、いや。できなくて……また上司に怒られる」と言って泣き出しました。イスを勧め、しばらく黙って、震える背中や髪をなでていると、「もうすぐ支払い日なのに、お金が合わなくて…所長に怒られる」と少しずつ話し始めます。スタッフは「それは私も心配だわ。もう一度いっしょに計算してみませんか？ きっとたいじょうぶだから」と声をかけ、いっしょにグループホームの"小口現金出納帳"の収支欄をひとつひとつ指さしながら確かめます。

しばらくして、話が落ち着くのを見計らっていた別のスタッフが、静香さんの好きな甘い紅茶をいれて訪ねてきます。「静香さん、お仕事お疲れさまです。そろそろ休憩にしませんか？ 紅茶とお菓子はいかがですか？」とさりげなく声をかけると、静香さんは笑って「どうしてここにいるってわかったの？ ちょうど何か飲みたいなと思っていたところ。うれしい！」とこたえ、スタッフルームでゆっくりとお茶の時間を過ごした後、すっかり合わないお金のことは忘れて、スタッフといっしょにリビングへ戻って行きました。

静香さんは、ほかの入居者さんと口論になったときや、トイレに間に合わなかったとき、日常生活の中で手順がわからずに混乱したときなどに、現役時代の経理の仕事や家庭でのつらい出来事を思い出すようです。そんなとき、ただ話を聞くだけでなく、タイミングを見ながら甘く温かい好みのものを勧めると、気持ちが落ち着き、笑顔が戻ります。

入居者さんが夜眠れずに起きてきたとき、気持ちがふさぎ食欲がないとき、満腹感が得られず空腹を訴えるとき、寝る前のだんらんの時間などにも、甘いもの、香りのよいもの、温かいものは効果を発揮するようです。スタッフは何かと時間に追われ、焦ってしまいがちですが、できれば入居者さんといっしょに甘く温かい飲み物をゆっくり味わう余裕を持ちたいものです。

第4章

食を生かすための調理の基本

高齢者の健康と安全を守るため、体の機能の低下を配慮しながら、献立や食材選び、調理方法を工夫していくことが大切です。

高齢者のための調理のポイント
体の機能の低下に合わせた工夫が必要です

　高齢になると体のさまざまな機能が低下し、誤嚥や窒息などの事故や高血圧などの病気が起こりやすくなります。体の変化の程度や進行のスピードには個人差があります。入居者ひとりひとりの体の変化に合わせた食材選びと調理の工夫をすることが大切です。

●高齢者の体の変化と対応策

変化1　塩味・甘味の感覚が鈍くなります

高齢になると味覚が衰えます。口腔内の舌にある味蕾（みらい）が委縮するために味覚が低下し、味が濃いものを好むようになり、塩分や糖分をとりすぎて高血圧になったり、エネルギー過多になって肥満を誘発しやすくなります。

リスク：高血圧　肥満

〈対応策〉
食材選びと献立、調理の工夫で満足できる味に

❶新鮮な旬の野菜を利用する
旬の食材には、うま味や甘みがぎっしり詰まっていて栄養価も高いです。旬の野菜を取り入れることで、少量の塩や砂糖の味付けでもおいしく食べられます。

❷香味野菜や香辛料を利用する
ユズ、ミツバ、ミョウガなどの香味野菜は、独特の風味と香りがあり、季節感も味わえます。またコショウやサンショウなどの香辛料も適宜調理に加えることで、薄味でもおいしく感じます。

❸だしを利用する
カツオブシや昆布、干しシイタケなどでしっかりだしを取り、味噌汁や煮物などに利用しましょう。だしのうま味でおいしくなり、調味料の量を減らせます。

❹だしじょうゆや酢じょうゆを利用する
食卓に常備するしょうゆをだししょうゆや酢じょうゆにします。だしのうま味や酢の酸味で食べられるので、塩分を減らすことができます。

❺一品だけ味をしっかり付ける
すべてのメニューを薄味にしてしまうと、おいしく感じられず食欲減退につながってしまいます。一品だけはしっかりした味付けにしてめりはりを出します。

食を生かすための調理の基本｜高齢者のための調理のポイント 第4章

変化2 嚥下機能が低下します

高齢になり、特に脳梗塞など脳血管疾患を患った場合、嚥下困難になることがあります。飲み込む力が低下して食べ物を飲むことができなくなり、のどや食道、器官に食べ物を詰まらせやすくなり、窒息や肺炎などの原因になります。

リスク
窒息
感染症

〈対応策〉
飲み込みやすい食材選びと調理法を考える

❶弾力のある食材は使わない
もち、コンニャク、かまぼこなど弾力があり、可逆性のある食材は使わないようにします。

❷ゼラチン寄せなど、素材をまとめる
口の中でバラバラになりやすい刻み食は、ゼラチン寄せなどにしてまとめます。

❸ペースト状のものがお勧め
カスタードクリーム、ポタージュスープなどペースト状のものがお勧めです。

❹とろみを付ける
液体と固体が混ざっている汁物などは誤嚥しやすくなります。とろみを付けましょう。

❺はっきりした味にする
誤嚥の心配がある食材は、甘い、辛いなど比較的はっきりした味付けにすると嚥下反射を誘発します。ただし、むせないように注意しましょう。

変化3 唾液の分泌量が減ります

唾液の分泌量が減って口腔内が乾きやすくなり、嚥下が困難になります。また唾液には殺菌作用があるので、分泌量が減少すると口腔内に雑菌が繁殖しやすくなります。食べた食べ物に雑菌が付着し、その食べ物を誤嚥すると肺に雑菌が入って肺炎になる危険があります。

リスク
嚥下困難
口腔内の雑菌増殖

〈対応策〉
とろみや汁物でのど越しよく

❶とろみを付ける
あんかけや煮魚など、汁をからんだ料理がお勧め。片栗粉などでトロミを付けます。

❷汁物といっしょに
味噌汁やスープなどの汁物や、お茶をいっしょに出します。

変化 4 消化機能が低下します

消化管内の消化酵素が減少するために、消化不良を起こしやすくなります。また胃腸の運動機能も低下するので、胃もたれしやすくなって食欲不振になります。また、便秘になることが増えてきます。

リスク
消化不良・食欲不振・便秘・胃腸膨満感・腹痛

〈対応策〉
消化がよい食材を選び、食物繊維をたっぷりと

❶油脂の多い食材は避ける
胃腸に負担をかけるので脂身の多い肉などは避けます。マヨネーズのような乳化した食材は比較的、消化吸収がよいです。

❷食物繊維を多めにとる
便秘を予防するために、ヒジキ、切り干しダイコン、納豆、生シイタケ、イモ類など食物繊維の多い食品を積極的に使います。

❸食欲不振のときはしっかりと味付ける
食欲がないときは、しっかりと味付けするのも方法です。薄味では、味覚も満足しにくく、食欲不振に陥りやすくなります。

変化 5 歯が抜けやすくなります

リスク 咀嚼力の低下

歯茎が弱くなり、歯が抜けやすくなります。そのために咀嚼力が弱くなり、硬い食べ物や大きい食べ物を噛みにくくなります。

〈対応策〉
小さく、柔らかくして噛みやすく

❶ミキサーを利用する
咀嚼力に合わせて、細かく刻みます。ミキサーを利用すると便利です。

❷柔らかく煮込む
野菜や肉などは柔らかく煮込みます。圧力鍋を利用すると調理時間が短縮できます。

第4章 食を生かすための調理の基本｜高齢者のための調理のポイント

変化 6 骨密度が低下します

リスク：骨粗しょう症・骨折・寝た切り・認知症

骨密度は年々減少します。特に女性は閉経後の骨密度の低下が著しく、骨粗しょう症のリスクが高まります。骨粗しょう症になると骨折しやすくなり、それが原因で寝た切りや認知症に進むケースが少なくありません。

〈対応策〉カルシウム、ビタミンDで骨をじょうぶに

❶ 乳製品、小魚類、緑黄色野菜でカルシウムを
骨粗しょう症の予防にはカルシウムの摂取が必要不可欠です。乳製品や丸ごと食べられる魚類、甲殻類、緑黄色野菜や海藻類を使いましょう。

❷ 青魚、乾燥きのこでビタミンDを
ビタミンDには、腸管からのカルシウムの吸収をよくする働きがあります。カルシウムといっしょにとりましょう。

● 積極的にとりたい食材 ●
- カルシウム
牛乳、チーズ、ヨーグルト、サクラエビ、ワカサギ、ゴマ、コマツナ など
- ビタミンD
サケ、サンマ、キクラゲ、シラス、干しシイタケ、カレイ など

変化 7 筋力や免疫力が低下します

リスク：体力低下・低栄養・感染症・がん

筋肉量が減少するため、体力の低下が見られます。そのために買い物や料理などが困難になり、特にひとり暮らしの高齢者は、ますます栄養不足を加速させてしまいます。同じく免疫力も衰えるため、かぜ症候群や急性胃腸炎、インフルエンザなどの感染症をはじめ、あらゆる疾病の罹患率が高くなり、疾患の回復にも時間がかかります。

〈対応策〉タンパク質、ビタミンで筋肉をつくって免疫力アップ

❶ 植物性・動物性タンパク質を摂る
筋肉や免疫細胞はタンパク質から作られています。植物性・動物性タンパク質をしっかりとることが大切です。

❷ ビタミンB6、A、Cを摂る
ビタミンの中でも特にB6は、タンパク質の代謝をよくし、A、Cは免疫力を高めたりする働きがあります。

● 積極的にとりたい食材 ●
- 植物性タンパク質
米、小麦、焼き麩、トウモロコシ、ダイズ、きな粉 など
- 動物性タンパク質
肉類、魚類、卵類、牛乳、チーズ、ヨーグルト など
- ビタミンB6
レバー、鶏ささ身肉、カツオ・マグロ・サケなどの青背の魚 など
- ビタミンA
レバー、バター、卵黄、ウナギ、緑黄色野菜 など
- ビタミンC
ミカン、キウイ、イチゴ、カキ、ジャガイモ、サツマイモ など

献立のたて方
定食スタイルで栄養バランスよい献立に

高齢者の健康を支えるために、栄養バランスよい献立をたてましょう。献立の基本は、主食＋主菜＋副菜（汁物も含む）＋デザートの組み合わせ。丼ものや麺類でもいいですが、料理初心者は、ごはんと味噌汁を基本にした定食スタイルが、もっとも栄養バランスが取りやすいでしょう。

●献立のたて方の基本

1 主食を決める
まずはエネルギー源（炭水化物）になるものを選びます。ごはん、パン、うどん、そばなどが考えられます。これらからひとつ主食となるものを選びます。

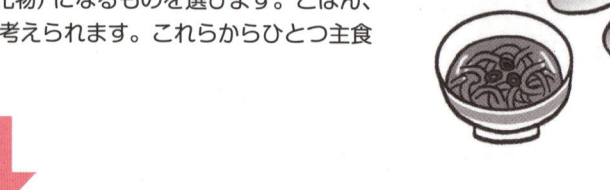

2 主菜を決める
次にメインとなるおかずを考えます。タンパク質源となる食材を選びます。肉、魚、卵、ハム、豆腐、ダイズ製品を使った献立を考えます。

3 副菜を決める
小さなおかずを考えます。野菜や海藻を中心とした食材を使い、ビタミン、ミネラル、食物繊維を摂取できるものを選びます。野菜の煮物、サラダ、酢の物、ゴマ和え、おひたしなどがお勧め。

4 デザートを決める
デザートは、栄養摂取のほかに口の中をさっぱりさせる意味もあります。また、楽しみのひとつでもあります。果物やゼリー、お団子など、季節に合わせたものを考えましょう。

食を生かすための調理の基本｜献立のたて方　第4章

●献立例

主食がごはんの場合

- ご飯
- 長ネギとホウレンソウのみそ汁
- 揚げだし豆腐のそぼろあんかけ
- キュウリとワカメの酢の物
- 季節の果物

主食がパンの場合

- ロールパン
- チーズ入りスクランブルエッグ
- 野菜サラダ
- 牛乳またはミルクティー
- フルーツヨーグルト

主食がうどんの場合

- ネギ入りかけうどん
- サクラエビ入りかき揚げ
- ニンジンとダイコンの煮物
- 季節の果物

主食がそばの場合

- とろろそば
- さつま揚げの煮物
- 卵の花
- 季節の果物

137

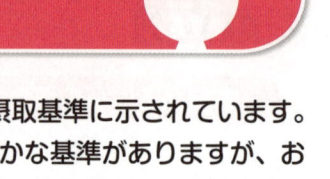

1日の摂取カロリー

　1日の摂取カロリーは、厚生労働年省から示されている、2010年版食事摂取基準に示されています。年齢、性別、身体活動別、妊婦授乳別に示されています。身体活動別には細かな基準がありますが、おおまかに、「Ⅰ＝家の中で活動が多い」「Ⅱ＝散歩や運動、仕事などで活発に体を動かしている」「Ⅲ＝農作業など体を大いに使う」というふうに考えると理解しやすいでしょう。年齢、性別、身体活動レベルから該当するエネルギーの必要量を確認してください。

●食事摂取基準（推定エネルギー必要量）kcal/日

性別	男性		
	身体活動レベル		
年齢等	低い（Ⅰ）	普通（Ⅱ）	高い（Ⅲ）
0〜5(月)	—	550	—
6〜8(月)	—	650	—
9〜11(月)	—	700	—
1〜2(歳)	—	1,000	—
3〜5(歳)	—	1,300	—
6〜7(歳)	1,350	1,550	1,700
8〜9(歳)	1,600	1,800	2,050
10〜11(歳)	1,950	2,250	2,500
12〜14(歳)	2,200	2,500	2,750
15〜17(歳)	2,450	2,750	3,100
18〜29(歳)	2,250	2,650	3,000
30〜49(歳)	2,300	2,650	3,050
50〜69(歳)	2,100	2,450	2,800
70以上(歳)	1,850	2,200	2,500
妊婦（付加量） 初期			
妊婦（付加量） 中期			
妊婦（付加量） 末期			
授乳婦（付加量）			

日本人の食事摂取基準 2010 年版より

女性		
身体活動レベル		
低い（Ⅰ）	普通（Ⅱ）	高い（Ⅲ）
—	500	—
—	600	—
—	650	—
—	900	—
—	1,250	—
1,250	1,450	1,650
1,500	1,700	1,900
1,750	2,000	2,250
2,000	2,250	2,550
2,000	2,250	2,500
1,700	1,950	2,250
1,750	2,000	2,300
1,650	1,950	2,200
1,450	1,700	2,000
＋50	＋50	＋50
＋250	＋250	＋250
＋450	＋450	＋450
＋350	＋350	＋350

高齢者向けレシピ 8

ザーサイ入り中華スープ

●材料（9人分）

ザーサイ	90g
乾燥ワカメ	2g
長ネギ	45g
エノキダケ	90g
ニンジン	90g
モヤシ	90g
スープ	
中華スープの素	大さじ1½
水	9カップ
しょうゆ	大さじ2⅓
ゴマ油	大さじ1½
塩	小さじ1
ゴマ	少々
水溶き片栗粉	
片栗粉	大さじ1
水	大さじ1

●作り方

1. ザーサイは千切りにする。
2. 長ネギは縦半分に切って、斜めに薄く切る。
3. モヤシはさっと洗って、ザルにあげる。
4. ニンジン、3cm長さの千切りにする。
5. 鍋に湯をわかし、中華スープの素を溶いてスープを作る。
6. 中鍋にゴマ油を熱し、ニンジン、長ネギ、モヤシ、ザーサイ、エノキダケの順に炒める。
7. 野菜がしんなりしたら、5のスープを入れる。
8. 乾燥ワカメを入れて2～3分煮る。（大きなワカメの場合、あらかじめ水で戻して、ざく切りにしてから使用）
9. しょうゆ、塩、コショウで味付けする。
10. ひと煮立ちさせて、水溶き片栗粉を入れてとろみを付ける。

フルーツサラダ

●材料（9人分）

ミカン（缶詰め）	450g
パイン（缶詰め）	スライス9枚
リンゴ	250g～300g
ヨーグルト（プレーン）	84g
マヨネーズ	84g
塩	小さじ¼
コショウ	少々
パセリ	
（飾り用・乾燥パセリでも可）	適宜

●作り方

1. ミカンはザルにあげて缶汁を切っておく。
2. パインは1枚を8等分に切る。
3. リンゴは皮をむいて8等分にして5mm厚さにスライスする。
4. ボウルにマヨネーズとヨーグルトを入れて、泡だて器で混ぜておく。
5. 4に1～3を入れて和える。
6. 塩とコショウで味を整える。
7. 器に盛り付けて、パセリを飾る。

春雨トマトスープ

●材料（9人分）

トマト（水煮缶）	300g
ニンジン	60g
タマネギ	90g
エノキダケ	60g
春雨	30g
ベーコン（スライス）	3枚
スープ	
┌ 固形コンソメ	小さじ2
└ 水カップ	7カップ
塩	小さじ1〜
コショウ	少々
オリーブ油	大さじ1
水溶き片栗粉	
┌ 片栗粉	大さじ1½
└ 水	大さじ1½

●作り方

1 トマト（水煮缶）は、芯を取ってフォークなどでつぶす。
2 ニンジンは3cmくらいの千切りにする。
3 タマネギは薄くスライスする。
4 エノキダケは軸を取り、3等分に切ってほぐす。
5 春雨は、3cmくらいにハサミで切る。
6 ボウルにカップ7の湯を入れ、コンソメを溶かしておく。
7 中鍋にオリーブ油を熱し、タマネギ、ニンジン、エノキダケの順に炒める。
8 7に1のトマトを加えて、さっとからめて炒める。
9 6のスープを8に入れてひと煮立ちさせ、春雨を入れてさっと煮る。
10 塩とコショウで味を整える。
11 水溶き片栗粉を入れてとろみを付ける。
12 器に盛って、みじん切りのパセリを散らす。

杏仁豆腐

●材料（9人分）

粉末寒天	4g
水	400cc
牛乳	300cc
砂糖	40g
アーモンドエッセンス	2〜3滴
ミカン（缶詰）	140g
パイナップル（缶詰）	
スライス	140g
サクランボ（缶詰）	9粒
シロップ	
┌ 砂糖	70g
└ 水	カップ2

●作り方

1 小鍋にシロップ用の砂糖を入れて火にかけ、2/3量になるまで煮詰めてシロップを作る。シロップはボウルに入れて、粗熱を取ってから冷蔵庫に入れておく。
　（注）煮詰めるときにかき混ぜると、アメ状になるので注意。
2 中鍋に水と粉末寒天を入れて沸騰させ、2〜3分間煮溶かす。
3 2に砂糖を加えて、さらに煮溶かす。
4 別の鍋に牛乳を入れて人肌に温める。
5 3の鍋を火からおろし、4を加える。
6 水を張ったボウルの中に5の鍋底を浸して、木べらでかき混ぜながら寒天液を人肌に冷ます。寒天液には水が入らないようにする。
7 6に、アーモンドエッセンスを加える。
8 バットなど大きめの容器に6を2〜3cmの深さになるように流し入れ、冷蔵庫で冷やし固める。
9 8が固まったら、ひし形に包丁で斜めに切り込みを入れる。
10 9に1のシロップを流し入れる。
11 みかん、パイナップル、サクランボをザルにあげて汁けを切り、パイナップルは8等分にしておく。
12 10を器にシロップと共に入れ、11のフルーツを飾る。

ダイコンと油揚げの煮物（ユズ風味）

●材料（9人分）

ダイコン	450g
油揚げ	3枚
ユズの皮	⅙枚
水	カップ3
和風だしの素	小さじ⅔
しょうゆ	大さじ1½
みりん	大さじ3
酒	大さじ3
砂糖	大さじ3

●作り方

1 ダイコンは皮をむき、横1〜1.5cm、縦3〜4cm、厚さ5mmくらいの短冊切りにする。
2 油揚げは半分に切り、ダイコンと同様に短冊切りにしてザルに入れ、熱湯を掛けて余分な油を抜く。
3 ユズは皮をそぎ、白い部分を取り除いて千切りにする。
4 中鍋に水と調味料をすべて入れて煮立たせる。
5 1のダイコンを4に入れて、竹ぐしがすっと通るまで中火で煮る。
6 5に油揚げとユズの皮を加え、さらに中火で煮る。
7 汁けが少し残る程度で火を止め、煮含ませる。
8 7を器に盛る。

スイートポテト

●材料（9人分）

サツマイモ	750g
無塩バター	25g
砂糖	60g
牛乳	70cc
ぬり卵	
┌ 卵黄	½個
│ しょうゆ	小さじ½
└ みりん	小さじ½

●作り方

1 サツマイモは皮をむいて、水にさらしてあくを取る。
2 鍋に1のサツマイモと水をひたひたに入れ、竹ぐしがすっと通るまで柔らかくゆでる。
3 2が柔らかくなったら、ゆで汁を捨て、鍋の中でサツマイモをつぶす。
4 3に無塩バター、砂糖、牛乳を入れて、木ベラでしっかり混ぜ合わせる。
5 4を9等分に分け、丸くまとめ、カップケーキ用の紙カップなどに入れる。
6 ボウルにぬり卵を作り、5の表面にハケで塗る。
7 250℃に温めておいたオーブンで6を15分ほど焼いて表面に焼き色を付ける。

鶏そぼろ丼

●材料(9人分)

鶏ももひき肉	450g
ニンジン	300g
ピーマン	6個
しょうゆ	大さじ3
砂糖	大さじ3
酒	大さじ3
サラダ油	大さじ3
ご飯	米3カップ分

●作り方

1. ニンジンとピーマンはそれぞれ5mm角に切る。
2. フライパンにサラダ油を熱し、ニンジンを炒める。
3. ニンジンに火が通ったら、鶏ももひき肉を入れて炒め、火が通ったら、ピーマンを入れて炒める。
4. ピーマンに火が通ったら、調味料を入れ、味がなじんだら火を止める。
5. ごはんを器に盛り、9等分した 4 をごはんの上から盛り付ける。

豆腐の卵とじ丼

●材料(9人分)

絹ごし豆腐	2丁
タマネギ	220g
ホウレンソウ	60g
卵(Lサイズ)	7個
水	カップ2
和風だしの素	小さじ2
しょうゆ	大さじ4
みりん	大さじ2
砂糖	大さじ3
ご飯	米3カップ

●作り方

1. 絹ごし豆腐 1.5cm角に切る。
2. タマネギは繊維に沿って、薄くスライスする。
3. ホウレンソウは塩ゆでして水を切り、1cmにざく切りにする。
4. 卵は割りほぐす。
5. フライパンに水と調味料すべてを入れて煮立たせ、中火にしてタマネギを入れる。
6. タマネギに火が通ったら、絹ごし豆腐を入れ、豆腐に火が通ったら、ホウレンソウを散らす。
7. 強火にして、溶き卵を流し入れる。
8. 卵のトロリ感を少し残したところで火を止める。
9. ごはんを丼に盛り、フライ返しで 8 を等分に分け、ごはんの上に盛り付ける。

監修・編著者	関西国際大学教育学部教授 **長谷憲明**（ながたに・よしはる）	

1970年早稲田大学第一商学部卒業。東京都で福祉事務所、生活保護、障害福祉、高齢福祉関係の法施行事務等に従事する。関西国際大学経営学部教授、関西国際大学教授、学長補佐を経て、現職。
主な著書に『ケアプランのつくり方 サービス担当者会議（ケアカンファレンス）の開き方 モニタリングの方法』（瀬谷出版・刊、共著）、『新しい介護保険のしくみ』（瀬谷出版・刊）ほか、多数。

編 著 者	社会福祉士 精神保健福祉士 介護支援専門員 **太田ゆか**（おおた・ゆか）	

医療ソーシャルワーカーとして病院に勤務後、介護支援専門員となり、平成11年より居宅介護支援・訪問介護・特養・グループホーム等の開設準備及び運営、スタッフの育成にかかわる。

協力（第4章）	管理栄養士 食育インストラクター **関口弘子**（せきぐち・ひろこ）	

東京農業大学農学部栄養学科管理栄養士専攻卒業。元・赤堀学園赤堀栄養専門学校教授として基礎栄養学、応用栄養学の科目を担当。現在は同校非常勤講師及び、医療現場で特定健診の栄養指導を行なう。またボランティアで、地域の生涯学習センターにおいて料理講座講師を務めている。

協 力　本田憲康
　　　　榎本とめえ　介護福祉士・介護支援専門員
　　　　鈴木惠　　　介護福祉士・介護支援専門員
　　　　須田都子　　ホームヘルパー2級
　　　　本橋典子　　介護福祉士・介護支援専門員

〈参考図書・他〉
● 書籍
　『グループホームのしごと』財団法人 東京都福祉保健財団・刊
● ウェブ
　厚生労働省ホームページ

本書のコピー、スキャン、デジタル化等の無断複製は著作権法上での例外を除き禁じられています。本書を代行業者等の第三者に依頼してスキャンやデジタル化することは、たとえ個人や家庭内の利用であっても著作権法上認められておりません。

本文デザイン・DTP
ニシ工芸株式会社

執筆協力
高橋裕子

イラスト
さわだまこと

編集制作
株式会社 童夢

企画編集
安藤憲志

校正
堀田浩之

今注目！
グループホームでの「食」を通した取り組みを中心に
認知症ケアのプランと実践

2012年11月　初版発行

監修・編著者　長谷憲明
編　著　者　太田ゆか
発　行　人　岡本 健
発　行　所　ひかりのくに株式会社
　〒543-0001　大阪市天王寺区上本町3-2-14　郵便振替00920-2-118855　TEL06-6768-1155
　〒175-0082　東京都板橋区高島平6-1-1　郵便振替00150-0-30666　TEL03-3979-3112
　ホームページアドレス　http://www.hikarinokuni.co.jp
　印刷所　凸版印刷株式会社

©2012　　　　　　　　　　　　　　　　　　　　　　　　　　　　　　　　　　　　　Printed in Japan
乱丁本、落丁本は小社宛ご送付ください。送料小社負担にてお取替えさせていただきます。　　　　ISBN978-4-564-43142-5
本書を無断で複製、転載することは法律で禁じられています。予め小社宛許諾を求めてください。　C3036　NDC369.17　144P　26×21cm